文成
天縱

續宋本叢書

蜀大字本史記專輯之一

上海圖書館藏『蜀大字本』史記

二

〔漢〕司馬遷　撰
〔南朝宋〕裴駰　集解

广西师范大学出版社
GUANGXI NORMAL UNIVERSITY PRESS
·桂林·

本册目録

秦楚之際月表第四　史記十六

太史公讀秦楚之際曰初作難發於陳涉虐戾滅秦自項氏撥亂誅暴平定海內卒踐帝祚成於漢家五年之閒號令三嬗(音善)自生民以來未始有受命若斯之亟也昔虞夏之興積善累功數十年德洽百姓攝行政事考之于天(韋昭曰謂舜受禪在琁璣玉衡以齊七政)然后在位湯武之王乃由契后稷修仁行義十餘世不期而會孟津八百諸侯猶以爲未可其

後乃放弒秦起襄公章於文繆獻孝之後稍以蠶食六國百有餘載至始皇乃能并冠帶之倫以德若彼用力如此蓋一統若斯之難也秦既稱帝患兵革不休以有諸侯也於是無尺土之封墮壞名城銷鋒鏑徐廣曰一作鋤鉏豪桀維萬世之安然王跡之興起於閭巷合從討伐軼於三代鄉秦之楚適足以資賢者爲驅除難耳故憤發其所爲天下雄安在無土不王白虎通曰聖人無土不王使舜不遭堯當如夫

子老於闕里也此乃傳之所謂大聖乎豈非天哉豈非天哉非大聖孰能當此受命而帝者乎

二世元年徐廣曰壬辰 秦	七月
楚	楚隱王 陳涉起兵入秦
項	
趙	
齊	
漢	
燕	
魏	
韓	

八月

二

葛嬰爲涉徇九江立襄彊爲楚王

武臣始至邯鄲自立爲趙王始

九月

楚兵至戲

三

周文兵至戲敗而陳嬰聞涉王即殺彊

項梁號武信君

二

齊王田儋始儋狄人諸田宗彊從弟榮弟橫

沛公初起

韓廣爲趙略地至薊自立爲燕王始

魏王咎始咎在陳不得歸國徐廣曰魏咎曹咎字皆作咎音臼

二年 十月	十一月
四 誅葛嬰	五 周文死
二	三
三	四 李良殺武臣張耳陳餘走
二 儋之起殺狄令自王	三
二 擊胡陵方與破秦監軍	三 殺泗水守徐廣曰泗水屬東海拔薛西周市東略地豐沛閒
二	三
二	三 齊趙共立周市市不肯曰必立魏咎云

十二月	端月
六 陳涉死	楚王景駒始秦嘉之立
四	五 涉將召平矯拜項梁爲楚柱國急西擊秦
五	趙王歇始立張耳陳餘立之
四	五 讓景駒以擅自王不請我
四 雍齒叛沛公以豐降魏沛公還攻豐不能	五 沛公聞景駒王在留往從與擊秦軍碭西徐廣曰一作蕭
四	五
四 咎自陳歸立陳涉死	五 章邯已破涉圍咎臨濟

二月	三月
二 嘉為上將軍	三
六 梁渡江陳嬰黥布皆屬	七
二	三
六 景駒使公孫慶讓齊誅慶	七
六 攻下碭收得兵六千與故凡九千人	七 攻拔下邑遂擊豐豐不拔聞項梁兵衆往請擊豐
六	七
六	七

四月	五月
四	五
八 梁擊殺景駒秦嘉遂入薛卒餘萬衆	九
四	五
八	九
八 沛公如薛見項梁梁益沛公卒五千擊豐拔之	九 雍齒奔魏
八	九
八 臨濟急周市如齊楚請救	九

六月	七月
楚懷王始都盱台故懷王孫梁立之	二 陳嬰為柱國
十 梁求楚懷王孫得之民間立為楚王	十一 天大雨三月不見星
六	七
十 儋救臨濟章邯殺田儋榮走東阿	十一 齊立田假為王秦急圍榮東阿
十 沛公如薛共立楚懷王	十一 沛公與項羽北救東阿破秦軍濮陽東屠城陽
十	十一
十 咎自殺臨濟降秦	十一 咎弟豹走東阿
韓王成 韓始	二

八月	九月
三	四 徙都彭城
十二 救東阿破秦軍乗勝至定陶項梁有驕色	十三 章邯破殺項梁於定陶項羽恐還軍彭城
八	九
楚救榮得解歸逐田假立儋子市爲齊王始	二 田假走楚楚趣齊救趙田榮以假故不肯
十二 沛公與項羽西略地斬三川守李由於雍丘	十三 沛公聞項梁死還軍從懷王軍於碭
十二	十三
十二	魏豹自立爲魏王都平陽始
三	四

三年 十月	徐廣曰應 後九月 閏建酉
六	拜宋義為 五 上將軍
二	懷王封項羽於魯 為次將 屬宋義北救趙
章邯失邯鄲徙 十一 其民於河內	秦軍圍歇鉅鹿 十 陳餘出救兵
齊將田都叛榮 四 往助項羽救趙	齊殺假 乃出兵 三 項羽怒田榮
攻破東郡尉及王 十五 離軍於武城南	懷王封沛公為武安侯將碭郡 十四 兵西約先至咸陽王之
使將臧 十五 荼救趙	十四
三	二
從項羽 六 略入關	五

十一月	十二月
七 拜籍為上將軍	八
三 羽矯殺宋義將其兵渡河救鉅鹿	四 大破秦軍鉅鹿下諸侯將皆屬項羽
十二	十三 楚救至秦圍解
五	六 故齊王建孫田安下濟北從項羽救趙
十六	十七 救趙至栗得皇訢武滿軍與秦軍戰破之
十六	十七
四	五 豹救趙
七	八

端月	二月
九	十
五 虜秦將王離	六 攻破章邯章邯軍卻
十四 張耳怒陳餘棄將印去	十五
七 項羽田榮分齊爲二國	八
十八	十九 得彭越軍昌邑襲陳留用酈食其策軍得積粟
十八	十九
六	七
九	十

三月	四月
十一	十二
七	八 楚急攻章邯章邯恐使長史欣歸秦請兵趙高讓之
十六	十七
九	十
二十 攻開封破秦將楊熊熊走滎陽秦斬熊以徇	二十一 攻潁陽略韓地北絕河津
二十	二十一
八 分韓內河南國	九
十	十二

五月	六月
二年 一月	二
九 趙高欲誅欣欣恐亡走告章邯謀叛秦	十 章邯與楚約降未定項羽許而擊之
十八	十九 張耳從楚西入秦
十一	十二
二十二	二十三 攻南陽守齮破之陽城郭東徐廣曰陽城在南陽
二十二	二十三
十	十一
十三	十四

七月	八月 趙高殺二世
三	四
十一 項羽與章邯期殷虛章邯等已降與盟以邯爲雍王	十二 以秦降都尉翳長史欣爲上將將秦降軍
二十	二十一 趙王歇留國陳餘亡居南皮
十三	十四
二十四 降下南陽封其守齮	二十五 攻武關破之
二十四	二十五
十二	十三
十五 申陽下河南降楚	十六

子嬰為王 九月 徐廣曰歲在乙未	十月
五	六
十三	項羽將諸侯兵四十餘 十四 萬行略地西至於河南
二十二	張耳從楚 二十三 西入秦
十五	十六
攻下嶢及藍田以留 二十六 侯策不戰皆降	漢元年秦王子嬰降沛公入破 二十七 咸陽平秦還軍霸上待諸侯約
二十六	二十七
十四	從項羽略 十五 地遂入關
十七	十八

十一月	十二月
七	八
十五 羽詐坑殺秦降卒二十萬人於新安	十六 至關中誅秦王子嬰屠燒咸陽分天下立諸侯
二十四	二十五 分趙爲代國
十七	十八 項羽怨榮殺之分齊爲三國
二十八 沛公出令三軍秦民大悅	二十九 與項羽有郄見之戲下購解羽倍約分關中爲四國
二十八	二十九 臧荼從入分燕爲二國
十六	十七 分魏爲殷國
十九	二十 分韓爲河南國

義帝元年	徙都江二南郴
諸侯尊懷九王爲義帝	西楚伯王項籍始爲天下主命立十八王
項籍自立爲十七西楚霸王	
分楚爲四分爲衡山	王吳芮始故番君
分爲臨江	王共敖始故楚柱國
分爲九江	王英布始故楚將
更名爲二十六常山	王張耳始故楚將
分爲代	王趙歇始二十七故趙王
更名爲十九臨菑	王田都始故齊將
分爲濟北	王田安始故齊將
分爲膠東	王田市始二十故齊王
分二月關中爲漢	漢王始二月故沛公
分關中爲雍	王章邯始故秦將
分關中爲塞	王司馬欣始故秦將
分關中爲翟	王董翳始故秦將
二十燕	王臧荼始故燕將
分爲遼東	王韓廣始二十二故燕王
更爲十八西魏	王魏豹始十九故魏王
分爲殷	王司馬卬始故趙將
韓二十二	王韓成始二十二故韓將
分爲河南	王申陽始故楚將

三		四	
都彭城	二	諸侯罷戲三下皆之國	
都江都			
都郴	二	三	
都江陵	二	三	
都六	二	三	
都襄國	二	三	
都代	二六	三九	
都臨菑	二	三	
都博陽	二	三	
都即墨	二十二	三十二	
都南鄭	三月	四月	
都廢丘	二	三	
都櫟陽	二	三	
都高奴	二	三	
都薊	二	三	
都無終	二十三	三十三	
都平陽	二十	二十一	
都朝歌	二	三	
都陽翟	二十二	二十四	
都洛陽	二	三	

六	五
五	四
五	四
五	四
五	四
五	四
一十三	手
相齊故始五榮田王齊	楚降都 四 都擊榮田
五	四
市殺四十二擊榮田	三十二
肓	青
五	四
五	四
五	四
五	四
五十三	四十三
三十二	二十二
五	四
兲	五十二
五	四

七	八
六	七
六	七
六	七
六	七
六	七
三十二	三十三
二	三
田榮擊六殺安	屬齊
屬齊	
月	月
六	邯守廢丘七漢圍之
六	欣降漢七國除
六	翳降漢七國除
六	七
三十六	臧荼擊殺三十七廣無終滅之
二十四	二十五
六	七
項羽二十七誅成	韓王鄭昌始項王立之
六	七

九	項羽滅十義帝
八	九
八	九
八	九
八	九
八	耳降九漢
三十四	歇復三十五王趙
四	五
育	王至陝徐廣有曰弘農陝縣
八	九
屬漢為河南上郡	
屬漢為上郡	
八	九
屬燕	
二十六	二十七
八	九
二	三
八	九

十	士
十	土
十	土
十	土
	歇以陳餘爲代王號成安君
代王歇三十六還王趙	三十七
六	七
青	青
漢拔我十隴西	士
十	土
二十八	二十九
十	土
韓王信始漢立之	二
屬漢爲河南郡	

十一

十二

十二

十二

二

三十八

項籍擊榮走平原八平原民殺之

二年一月

二年一月

十三

二年一月

三

三十九

項籍立故齊王田假為齊王

三月

漢拔我十二北地

十二

三十

十二

三

二月

二年一月

二年一月

三十一

十三

四

二	項羽以兵三萬三破漢兵五十六萬
二	三
十四	十五
二	三
四	五
四十	四十一
田榮弟橫反城陽二擊假假走楚楚殺假	齊王田廣始廣三榮子橫立之
王擊三月殷	王伐楚至四月彭城壞走
二	三
二	三
降漢為三十二廢王	從漢三十三伐楚
降漢十四卬廢	為河內郡屬漢
五	從漢六伐楚

四	五
四	五
十六	十七
四	五
六	七
四十二	四十三
二	三
王走五月滎陽	王入關立太子六月復如滎陽
四	漢殺邯五廢丘
四	五
豹歸三十四叛漢	三十五
七	八

七	六
七	六
十九	十六
七	六
九	八
四十五	四十四
五	四
十二月	十一月
	屬漢爲隴西北地中地郡
七	六
三十七	三十六
十	九

八	九
八	九
二十	三十
八	九
十	十一
四十六	四十七
六	七
九月	後九月徐廣曰應閏建巳
八	九
漢將韓信三十八虜豹	屬漢為河東上黨郡
十一	十二

土	十
土	十
二十三	二十二
土	十
圭	漢將韓信土斬陳餘
屬 漢 為 郡	漢滅歇 四十八立張耳
九	八
青	三 年 十 月
土	十
二	二 年 一 月

士	三年一月
土	三年一月
二十四 布身土降漢 屬漢爲太原郡	二十五 地屬項籍
十	土
青	胥
土	三年一月
三	四

三	二
三	二
七十二	六十二
十三	十二
三月	二月
三	二
六	五

七	六	五	四
七	六	五	四
王赧卅一薨	卅	二十九	二十八
十七	十六	十五	十四
王出滎陽徐廣曰項羽高紀七月出滎陽	六月	五月	楚圍王四月滎陽
七	六	五	四
十	九	八	七

八	九	十	漢將韓信十一破殺龍且
八	九	十	十一
臨江王驩始敖子	二	三	四
			趙王張耳始漢立之
十八	十九	二十	漢將韓信二十一擊殺廣
周苛從公八月殺魏豹	九月	四年十月	十一月
八	九	十	十一
十一	十二	三年一月	二

十二	四年一月	二	漢御史周苛入三楚
十二	四年一月	二	三
五	六	七	八
二	三	四	五
屬漢爲郡		齊王韓信始漢立之	二
	一		
十二月	五月	立信二月王齊	周苛三月入楚
十二	四年一月	二	三
三	四	五	六

四	五	六	七
四	五	六	七
九	十	十一	十二
			淮南王英布始漢立之
六	七	八	九
三	四	五	六
王豕陽豹死徐四月廣昌項羽紹皆王出成皋	青	育	斋為乇月淮墊
四	五	六	七
七	八	九	十

八	九	十	十一
八	九	十	十一
十三	十四	十五	十六
二	三	四	五
十	十一	十二	二年一月
七	八	九	十
八月	太公居九月贊楚	五年十月	十一月
八	九	十	十一
十一	十二	四年一月	二

誅十二籍	齊王韓信徙楚王	二	三
十二	徙王十三長沙	屬淮南國	
漢虜十七驩	屬漢為南郡		
六	淮南七國	八	九
二	趙三國	四	五
十一	徙王楚屬十二漢為四郡		
	殺項籍天下平正月諸侯屬屬漢	甲午王更號即二月皇帝位於定陶	十二月
十一	五年十月燕國	二	三
	復置梁國	梁王彭二月越始	二
	韓王四信	徙王代五都馬邑	六
	分臨江為長沙王	衡山王吳芮為長沙王	二

四	五	六	七
十	土	圭	二年一月
六	七	八	耳薨九謚景王
買	青	变育 闕	育
四	五	六	七
三	四	五	六
七	八	九	十
三	四	五	薨謚 六文王

秦楚之際月表第四

八	九 王得故項羽將鍾離眛斬之以聞	十
二	三	四
趙王張敖立耳子	二	三
八月 帝自將誅燕	九月	後九月徙廣昌應閭建寅
八	九 反漢虜荼	燕王盧綰始漢太尉
七	八	九
十一	十二	五年一月
長沙成王臣始芮子	二	三

漢興以來諸侯年表第五　史記十七

太史公曰殷以前尚矣周封五等公侯伯子男然封伯禽康叔於魯衛地各四百里親親之義褒有德也太公於齊兼五侯地尊勤勞也武王成康所封數百而同姓五十五地上不過百里下三十里以輔衛王室管蔡康叔曹鄭或過或損厲幽之後王室缺侯伯彊國興焉天子微弗能正非德不純形勢弱也漢興序二等韋昭曰漢封功臣大者王小者

（侯也）高祖末年非劉氏而王者若無功上所不置（徐廣曰一云非有功上所置）而侯者天下共誅之高祖子弟同姓爲王者九國（徐廣曰齊楚荆淮南燕趙梁代淮陽）唯獨長沙異姓而功臣侯者百有餘人自鴈門太原以東至遼陽（韋昭曰遼東陽縣）爲燕代國常山以南大行左轉度河濟阿甄以東薄海爲齊趙國自陳以西南至九疑東帶江淮穀泗（徐廣曰穀水在沛）薄會稽爲梁楚吳淮南長沙國皆外接於胡越而內地北距山以東盡諸侯

地大者或五六郡連城數十置百官宮觀
僭於天子漢獨有三河東郡潁川南陽自
江陵以西至蜀北自雲中至隴西與內史
凡十五郡而公主列侯頗食邑其中何者
天下初定骨肉同姓少故廣彊庶孽以鎮
撫四海用承衞天子也漢定百年之閒親
屬益踈諸侯或驕奢忕邪臣計謀爲淫亂
大者叛逆小者不軌于法以危其命殞身
亡國天子觀於上古然后加惠使諸侯得

推恩分子弟國邑故齊分爲七徐廣曰城陽濟北濟南菑川膠西膠東是分爲七趙分爲六徐廣曰河間廣川中山常山清河梁分爲五徐廣曰濟陰濟川濟東山陽也淮南分三徐廣曰廬江衡山及天子支庶子爲王王子支庶爲侯百有餘焉吳楚時前後諸侯或以適削地是以燕代無北邊郡吳淮南長沙無南邊郡如淳曰長沙之南更置郡燕代以北更置緣邊郡其所有饒利兵馬器械三國皆失之也齊趙梁楚支郡名山陂海咸納於漢諸侯稍微大國不過十餘城小侯不過數十里上足以奉貢職下足

以供養祭祀以蕃輔京師而漢郡八九十
形錯諸侯間犬牙相臨秉其阸塞地利彊
本幹弱枝葉之勢也尊卑明而萬事各得
其所矣臣遷謹紀高祖以來至太初諸侯
譜其下益損之時令後世得覽形勢雖彊
要之以仁義爲本

	高祖元年	二
	楚	都彭城
	齊	都臨菑
	荊	都吳
	淮南	都壽春
	燕	都薊
	趙	都邯鄲
	梁	都睢陽
	淮陽	都陳
	代	士月初韓王信元年都馬邑徐廣曰本紀及表高帝起五年始徙信故韓王孫
	長沙	

三	四
	初王信元年故相國
	肓 畱 望 壐 叅 乖
	初王張耳元年
二	三

五	六
齊王信徙爲楚王元年反廢	正月丙午初王交元年是爲楚元王
徙 二 楚	正月甲子初王悼惠王肥元年肥高祖子
	正月丙午初王劉賈元年
二	三
九月壬子初王盧綰元年	二
王敖元年	二
初王彭越元年	二
降匈奴國除爲郡	初王喜元年
二月乙未初王文王吳芮元年薨	成王臣元年

七	八
二	二
二	二
二	三
四	五
三	四
三	四　廢
三	四
二	匈奴攻代代王喜棄三其國亡歸漢
二	三

九

來 四 朝

來 四 朝

四

來 六 朝

五

埊 隱 磊 憙 憲 韞 子

來 五 朝

四

十

來 五 朝

來 五 朝

來 五 朝

來 朝 七 反 誅

來 六 朝

二

來 朝 六 反 誅

後 置 代 都 中 都

來 五 朝

十一	十二
六	七
六	七
爲英布所殺六國除爲郡	更爲吳國十月辛丑初王濞元年濞高祖兄仲子
十二月庚午厲王長元年長高祖子 徐廣曰一云十七月壬入於匈奴	二
三	三月甲午初王靈王建元年建高祖子
	四 死
三月丙午初王懷元年懷高祖子	二
三月丙寅初王友元年友高祖子徙趙	二
二月丙子初王元年	二
六	七

孝惠元年	二
八	來九朝
八	來九朝
故沛二侯	三
三	四
二	三
淮陽王徙於趙名友元年是爲幽王	二
三	四
爲郡	
三	四
八	哀王回元年

三		四	
十	來	土	朝
十	來	土	朝
四		五	
五	來	六	朝
四		五	
三	來	四	朝
五		六	
五		六	
二		三	

六			五	
十三			十二	
十三	薨		十二	
七		朝	六	來
八			七	
七		朝	六	來
六			五	
八			七	
八			七	
五			四	

七	高后元年
來古朝	圭
初置魯國	四月元王張偃元年偃高后外孫故趙王敖子
哀王襄元年	二
來八朝	九
來九朝	十
來八朝	九
來七朝	八
初置常山國	四月辛卯哀王不疑元年薨
來九朝	辛
初置呂國	四月辛卯呂王台元年薨
復置淮陽國	四月辛卯初王懷王彊元年彊惠帝子
九	十
六	七

二	三
十六	十七
二	三
三	來 四 朝
十	十一
十一	十二
十	十一
九	十
七月癸巳初王義皇年元子哀王弟義孝惠字敬襄城侯立爲帝	二
十一	十二
十一月癸巳晉嘉元年嘉肅子	二
二	三
十一	十二
恭 王 右 元 年	來 二 朝

四
十八
四
五

十三
廿三
十二
十一

吾月 㞶辰 塱 䙳 年朝 壽 子故 軗𠍢
十三

三
四
十三
三

五
十九
五
六

十三
十四 來朝
十三
十二

二
十四

四
五 無嗣
十四
四

六	七
二十	三十
六	七
七	八
初置琅邪國	王澤元年故營陵侯
十四	十五
十五	十六
十四	十四 絕
十三	十四 幽死
三	四
十五	徙趙嘉王呂十六產元年
嘉廢七月丙辰呂產元年產肅王弟故洨侯	呂產徙王梁七月丁二巳王太元年惠帝子
初王武元年	孝惠帝子故壺關侯
十五	十六
五	六

八
十三
八
九
二
十六
十七
十月辛丑初王呂通元年肅王子故平侯九月誅國除
初王呂祿元年呂后兄子胡陵侯誅國除
非子誅國五除為郡
有罪誅二為郡
三
三
十七
七

孝文前元年
十三
廢為九侯
菑十
初置成陽郡
初置濟北
徙三燕
十七
十八
十月庚戌琅邪王澤徙燕元年
十月庚戌趙王遂元年
分為河閒都樂成
初置太原都晉陽
復置梁國
武誅三國除
為文十八帝
八

二	三
夷王郢元年	二
文王則元年	二
二月乙卯景王章元年	章悼惠子二故朱虛侯
二月乙卯王興居元年悼惠王子	二
國除爲郡	
十八	來十九朝
十九	來二十朝
是爲敬二王薨	康王嘉元年
幽王二子	三
二月乙卯初王文王辟強元年辟強趙幽王子	二
二月乙卯初王參元年參文帝子	二
二月乙卯初王懷王勝元年勝文帝子	二
	復置淮陽國
二月乙卯初王武元年武文帝子	徙淮二陽
九	靖王著元年

四	五
三	四 薨
三	四
共王喜元年	二
為郡	
二十	二十一
二十一	二十二
二	三
四	五
三	四
更為三代王	
三	四
代王武徙淮陽三年	四
太原王參更號為代王三二年實居太原是為孝王	四
二	三

六	七
王戊元年	二
五	六
三	四
二十二	二十三
王無道遷 二十三 蜀死雍	為郡
四	五
六	來 七 朝
五	六
五	來 六 朝
五	來 六 朝
五	來 六 朝
四	五

八
三
來 七 朝
五
三四
來 六 朝
八
來 七 朝
七
七
七
六

九
四
八
來 六 朝
三七
七
九
八
八
來 八 朝
八
七

十	十一
五	六
九	十
七	徙淮南爲八郡屬齊
廿六	廿七
八	九
十	十一
九	十
九	來朝薨十無後
九	來朝徙十梁爲郡
九	來十朝
來八朝	九

十二	十三
七	來八朝
來十一朝	十一
二十八	二十九
城陽王憙徙淮南元年	二
十	十二
來十一朝	十三
來十一朝	十一
淮陽王武徙梁十年是爲孝王	十一
十二	十二
十	十一

十四	十五
九	十
	初 置 衡 山
十二	薨 十四 無 後
	復 置 城 陽 國
	復 置 濟 北 國
	分 爲 濟 南 國
	分 爲 菑 川 都 劇
	分爲膠西都高苑徐廣曰樂安有高苑縣
	分 爲 膠 東 都 即 墨
三十	三十一
三	徙 城 四 陽
來 十二 朝	來 十三 朝
十四	十五
薨 十三	哀王福元年薨無後國除爲郡
	初 置 廬 江 國
十二	來 十四 朝
十三	十四
十二	十三

十六	後元年
十一	十二
四月丙寅王勃元年	淮南厲王二子故安陽侯
四月丙寅孝王將閭元年	齊悼惠王二子故陽虛侯
淮南王喜徙城陽十三年	十四
四月丙寅初王志元年	齊悼惠王二子故安都侯
四月丙寅初王辟光元年	齊悼惠王二子故初侯
四月丙寅初王賢元年	齊悼惠王二子故武城侯
四月丙寅初王卬元年	齊悼惠王二子故平昌侯
四月丙寅初王雄渠元年	齊悼惠王二子故白石侯
三十二	三十三
四月丙寅王安元年	淮南厲王二子故阜陵侯
十四	十五
十六	十七
四月丙寅王賜元年	淮南厲王二子故陽周侯
十五	十六
十五	十六
十四	十五

	二			三		
	十三			十四		
	三			四		
	三	來		四		朝
	十五			十六		
	三	來		四		朝
	三	來		四		朝
	三			四		
	三			四		
	三			四		
	四十三			五十三		
	三			四		
	十六			十七		
	十八			十九		
	三			四		
	十七	來		十八		朝
薨	十七	恭	王	登	元	年
	十六			十七		

四
十五
五
五
十七
朝 五 來
五
五
五
五
六十三
五
朝 十八 來
朝 二十 來
五
十九
二
十八

五
朝 十六 來
六
六
朝 十八 來
六
六
朝 六 來
六
朝 六 來
七十三
六
十九
一十二
六
二十
三
十九

六	七
𠤎	大
七	八
七	八
九	卄
七	八
七	八
七	八
七	八
七	八
三十八	三十九
來 七 朝	八
卄	二十一
二十二	二十三
七	八
來 二十一 朝	二十二
四	五
來 卄 朝	來朝 薨 王無後國除

孝景前元年	二
十九	來二十朝
	分楚復置魯國
九	十
九	十
二十一	二十二
九	來十朝
九	十
九	十
九	十
九	十
四十	四十一
九	十
二十二	二十三
二十四	來二十五朝
復置河間國	三月甲寅初王獻王德元年景帝子
初置廣川都信都	二月甲寅王彭祖元年景帝子
	初置中山都盧奴
九	十
二十三	來二十四朝
初置臨江都江都	三月甲寅初王閼元年景帝子
初置汝南	三月甲寅初王元元年景帝子
初置淮陽國	三月甲寅初王非元年景帝子徙魯
六	七
復置長沙國	三月甲寅定王發元年景帝子

三
反 三 誅
六月乙亥淮陽王徙魯元年是為恭王
十一
十一
二十三
徙 菑 十一 川
反 十一 誅
賢反誅濟北王志徙十一菑川十一年是為懿王
反誅六月乙亥子十一端元年景帝子
反 十一 誅
反 四十二 誅
十一
二十四
反 二十六 誅
來 二 朝
來 二 朝
六月乙亥靖王勝元年景帝子
十一

來 二十五 朝

二
二
三
八
二

四月乙巳四立太子
文王禮元年元王故平陸侯
來 二 朝
徙濟北廬江王十二賜徙衡山王元年
懿 王 壽 元 年
二十四
十一
為 郡
十二
二
四月乙巳初王元年是為孝武帝
蓋置江都六月乙亥淮南王非為江都王元年是為易王
十一
二十五
為 郡
三
三
二
徙衡山國十一除為郡

二十六

薨無後 三 國除為郡
徙 江 三 都
為 郡
九
三

五	六
二	來朝三薨
三	四
二	三
來二朝	三
二十五	二十六
薨是爲十三貞王	武王胡元年
十三	十四
三	四
二	三
二	三
來十三朝	十四
薨二十六	王定國元年
廣川王彭祖徙趙四年是爲敬肅王	五
四	五
徙趙國除四爲信都郡	
三	四
二十七	二十八
	復置臨江國
十	十一
四	來五朝

十一月乙	七	丑太子廢	中		元
安王	道	元年	來	二	朝
	五		來	六	朝
	四			五	
	四			五	
	二十七			二十八	
	二			三	
	十五		來	十六	朝
	五		來	六	朝
四月丁巳爲太	四	子復置膠東國	復置膠	五	東國
	四			五	
	十五			十六	
	二			三	
	六			七	
	六			七	
			復置	廣	川國
來	五	朝		六	
來	二十九	朝		三十	
十一月乙丑初王閔王榮元年景帝子太子廢爲壂				二	
	十二			十三	
來	六	朝		七	

二	三
三	四
七	八
六	來 七 朝
六	七
來 二十九 朝	三十
四	五
來 十七 朝	十八
七	八
四月乙巳初王康王寄元景帝子	二
六	七
十七	十八
四	來 五 朝
來 八 朝	九
來 八 朝	九
四月乙巳惠王越元年景帝子	二
七	八
初 置 清 河 都 濟 陽	三月丁巳哀王乘元年景帝子
來 三十一 朝	三十二
三	坐侵廟壖垣爲宮自 四 殺國除 爲 郡
十四	來 十五 朝
八	九

四	五
來五朝	來六朝
九	十
八	九
八	九
三十一	三十二
六	七
九	丰
九	十
三	來四朝
八	九
來十九朝	干
六	七
十	士
十	土
三	四
來九朝	十
二	三
復置常山國	三月丁巳初王憲王舜元年孝景子
三十三	三十四
	分爲濟川國
	分爲濟東國
	分爲山陽國
	分爲濟陰國
十六	十七
來十朝	來十一朝

六
七
十一
十
十
薨　三十三
八

二十一
十一
五
十
二十一
八
十二
十二
五
十一
四
二
來　三十五　朝　薨
五月丙戌初王明元年梁孝王子
五月丙戌初王彭離元年梁孝王子
五月丙戌初王定元年梁孝王子
五月丙戌哀王不識元年梁孝王子
十六
十二

後　、　元
八
十二
十一
十一
頃　王　延　元　年
九

來　二十二　朝
十一
六
圡
二十二
來　九　朝
來　十三　朝
來　十二　朝
六
十一
五
三
恭王買元年孝王子
二
二
二
薨　無　後　二　國　除
十九
十三

來		朝
	二	
	九	
	十三	
	十一	
來	十二	朝
	二	
來	十	朝
	二十三	
	十三	
	七	
	十一	
	二十三	
來	十	朝
	十四	
	十四	
	七	
	十三	
	六	
	四	
	四	
	三	
	三	
	二	
	二十	
	十四	

來		朝
	三	
	十	
	十四	
	十三	
	十二	
	三	
	十一	
	二十四	
	十四	
來	八	朝
	十三	
	二十四	
	十一	
	十五	
	十五	
	八	
	十四	
	七	
	五	
	三	
	四	
	四	
	四	
	二十一	
	十五	

孝武建元年				二	
十一	來	十二	朝		
十五	來	十六	朝		
十四		十五			
十四		十七			
四		五			
十二		十三			
二十五		二十六			
十五		十六			
九		十			
十四		十五			
二十五	來	二十六	朝		
十二		十三			
十六		十七			
十六		十七			
九		十			
十五		十六			
八	來	九	朝		
六		七			
四		五			
五		六			
五		六			
五		六			
二十二		二十三			
十六		十七			

	三	
	十二	
	十七	
	十六	
	十六	
	六	
	十四	
	二十七	
	十七	
	十一	
	十六	
	二十七	
	十四	
	十八	
	十八	
	十一	
來	十七	朝
	十	
	八	
	六	
坐射殺中傅廢遷房陵	七	徐廣曰一作太傅
	七	
	七	
來	二十四	朝
來	十八	朝

	四	
	十四	
	十八	
	十七	
	十七	
	七	
	十五	
	二十八	
	十八	
	十二	
來	十七	朝
	二十八	
	十五	
	十九	
	十九	
	十二	
	十八	
	十一	
來	九	朝
薨	七	
爲	八	郡
	八	
	八	
	二十五	
	十九	

五	六
十五	十六
十九	二十
十八	十九
十八	十九
八	九
十六	十七
二十九	三十
十九	來　二十　朝
十三	十四
十八	十九
二十九	三十
十六	十七
二十	來　二十一　朝
二十	二十一
繆王元年徐廣曰齊音早五年以征和元年乙丑有罪病死謚曰懿	二
十九	二十
薨無後國十二除為郡	
十	十二
平　王　襄　元　年	二
九	十
薨無後國九除為郡	
二十六	二十七
二十	二十一

元光元年	二
十七	來 十八 朝
二十一	二十二
二十	二十一
二十	二十一
來 十 朝	十一
十八	十九
三十一	三十二
二十一	二十二
來 十五 朝	十六
二十	二十一
三十一	三十二
來 十八 朝	十九
二十二	二十三
二十二	二十三
三	四
二十一	來 二十二 朝
十二	十三
三	四
十一	十二
二十八	二十九
二十二	來 二十三 朝

三	四
來　十九　朝	丰
二十三	二十四
二十二	二十三
卒　二十二	厲王次昌元年
土	圭
丰	二十一
三十三	三十四
二十三	二十四
七	大
二十二	二十三
三十三	三十四
丰	二十一
二十四	二十五
二十四	二十五
五	六
來　二十三　朝	二十四
西	圭
五	六
一	
圭	來　西　朝
王義元年	二
來　二十四　朝	二十五

五	六
二十一	薨 二十二
二十五	薨 二十六
二十四	二十五
二	三
來 十四 朝	十五
二十二	二十三
薨 三十五	靖王建元年
二十五	二十六
十九	十二
二十四	二十五
三十五	三十六
二十二	二十三
二十六	來 二十七 朝
來 二十六 朝	恭王不害元年
七	八
二十五	二十六
十六	十七
七	八
十五	十六
三	四
二十六	二十七

元朔元年	二
襄王注元年	二
安王光元年	二
二十六	二十七
四	薨無後國五除爲郡
十六	十七
來二十四朝	二十五
二	三
二十七	來二十八朝
二十一	二十二
二十六	王建元年
三十七	三十八
坐禽獸行自二十四殺國除爲郡	
二十八	二十九
二	三
九	十
二十七	二十八
十八	十九
九	來十朝
十七	十八
五	六
康王庸元年	二

三

三

三

二十八

六

二十六

四

二十九

二十三

二

三十九

三十

薨 四

十一

來 二十九 朝

二十

十一

九

七

三

四

來 四 朝

四

二十九

九

二十七

五

三十

二十四

三

四十

三十一

剛王堪元年

十二

三十

二十一

十一

來 二十 朝

八

四

	五	
	五	
	五	
	二十	
	二十	
	二十八	
	六	
	三十一	
來	二十五	朝
	四	
安有罪削四十一國二縣		
	三十二	
	二	
	十三	
	三十一	
來	二十二	朝
	十三	
	二十一	
	九	
	五	

	六	
	六	
	六	
	三十一	
來	二十一	朝
	二十九	
	七	
	三十二	
	二十六	
	五	
	四十二	
	三十三	
	三	
來	十四	朝
	三十二	
	二十三	
	十四	
	二十二	
	十	
	六	

元狩元年	二
七	八
七	來八朝
反自殺三十二國除	
二十二	二十三
十三	三十一
八	九
三十三	三十四
二十七	二十八
六	反自殺國除七爲廣陵郡
反自殺爲四十三六安郡	以故陳都爲七月丙子廣曰一去王子初王恭壬慶元年膠東王子
來三十四朝	三十五
四	五
十五	十六
三十三	三十四
二十四	二十五
十五	十六
二十三	二十四
十一	來十二朝
七	來八朝

三	四
九	來十朝
九	十
二十四	二十五
來三十二朝	三十三
十	十一
三十五	三十六
哀王賢元年	二
二	三
三十六	三十七
六	七
十七	八
來三十五朝	三十六
二十六	二十七
十七	八
二十五	來二十六朝
十三	十四
九	十

五	六
十一	十二
十二	十三
復置齊國	四月乙巳初王懷王閎元年閎武帝子
來朝二十六薨	敬王義元年
三十四	三十五
來　十二　朝	十三
三十七	三十八
三	四
更爲廣陵國	四月乙巳初王胥元年武帝子
四	五
復置燕國	四月乙巳初王刺王旦元年武帝子
三十八	三十九
八	來　九　朝
十九	二十
三十七	三十八
二十八	來　二十九　朝
十九	二十
二十七	二十八
十五	十六
十一	十二

元鼎元年	二
十二	薨 十四
十三	來 十四 朝
二	三
二	三
六十三	七十三
十四	十五
九十三	四十
五	六
二	三
六	七
二	三
四十	一十四
十	十一
來 二十 朝	二十二
九十三	四十
三十	一十三
一十二	二十二
剽攻殺人遷上二十九庸國除為大河郡	
十七	來 十八 朝
十三	十四

三	四
節王純元年	二
十五	十六
初置泗水都郯徐廣曰泗水屬東海	星亮徐曾年云一塹亮嵩嵩當憲孚
四	五
四	五
三十八	三十九
十六	十七
四十一	四十二
七	八
四	五
八	九
四	五
四十二	四十三
薨 十二	頃王授元年
二十三	二十四
來 四十一 朝	薨 四十二
復置清河郡	代王義徙清河年十二是爲剛王
薨 子三十二爲王	更爲眞定國頃王平元年常山憲王子
二十三	二十四
徙清河爲十九太原郡	
來 十五 朝	十六

五	六
三	四
十七	十八
二	三
六	七
六	七
四十	朝 一十四 來
十八	十九
三十四	四十四
九	十
六	七
十	朝 十一 來
六	七
四十四	五十四
二	三
朝 五十二 來	六十二
哀王昌元四十三年即年薨	康王昆 修元年
一十二	二十二
二	三
五十二	六十二
十七	十八

元 封 元 年
五
十九
四
薨無 後 國 八 除 為 郡
來 八 朝
二十四

二十
五十四
十二
八
十三
八
六十四
四
七十二
二
三十二
來 四 朝
七十二

十九

二
六
二十
五

薨 九
三十四

頃 王 遺 元 年
六十四
十二
九
十三
九
七十四
五
八十二
三
四十二
五
八十二

二十

三	四
十七	八
來 二十一 朝	二十二
六	七
惠王武元年	二
四十四	四十五
二	三
薨無後四十七國除	
十三	十四
十	十二
十四	十五
十	十二
四十八	四十九
六	七
二十九	二十
四	五
來 二十五 朝	二十六
六	七
二十九	三十
二十一	二十二

五	六
九	十
山 三十二 泰 朝	四十二
八	九
三	四
山 六十四 泰 朝	七十四
四	五
年 元 平 通 王 戴	二
十二	十三
十六	十七
十二	十三
十五	一十五
八	九
一十三	二十三
六	七
七十二	八十二
八	朝 九 來
一十三	二十三
三十二	四十二

太初元年	二
十二	十二
二十五	二十六
十	薨。子哀王安世元年。卹戴王賀元年，安世子
五	六
四十八	四十九
六	七
三	四
十四	十五
十八　來朝	十九
十四	十五
二十五	五十三
十	十一
三十三	三十四
八	九　來朝
二十九	十三
十	十一
三十三	三十四
二十五	二十六

三	四
十三	十四
二十七	二十八
二	
	荒王賀元年
七	
卒	五十一
八	九
五	六
十六	十七
二十	二十一
十六	十七
五十四	五十五
十一	十二
三十五	三十六
十	十一
三十一	三十二
十一	十二
三十五	來 三十六 朝
二十七	來 二十八 朝

徐廣曰孝武太始二年廣陵中山眞定五來朝孝宣本始元年趙來朝二年廣川來朝四年清河來朝孝宣地節元年梁來朝二年河閒來朝三年濟北來朝濟北分平原太山二郡

漢興以來諸侯年表第五

燕召公世家第四　史記三十四

召公奭與周同姓姓姬氏譙周曰周之支族食邑於召謂之召公周武王之滅紂封召公於北燕世本曰居北燕宋忠曰有南燕故云北燕其在成王時召公爲三公自陝以西召公主之自陝以東周公主之何休曰陝者蓋今弘農陝縣是也成王既幼周公攝政當國踐阼召公疑之作君奭孔安國曰尊之曰君陳古以告之故以名篇君奭不說周公馬融曰召公以周公既攝政致太平功配文武不宜復列在臣位故不說以爲周公苟貪寵也周公乃稱湯時有伊尹假于皇天孔安國曰伊摯佐湯功至大天謂致太平

也鄭玄曰皇天北極天帝也在太戊時則有若伊陟臣扈假于上帝巫咸治王家孔安國曰伊陟臣扈率伊尹之職使其君不隕祖業故至天之功不隕巫咸治王家言其不及二臣馬融曰道至于上帝謂奉天時也鄭玄曰上帝太微中其所統也在祖乙時則有若巫賢孔安國曰時賢臣有如此巫賢也賢咸子巫氏也在武丁時則有若甘般孔安國曰高宗即位甘般佐之後有傳說率維茲有陳保乂有殷徐廣曰一無此九字駰案王肅曰循此數臣有陳列之功安治有殷也於是召公乃說召公之治西方甚得兆民和召公巡行鄉邑有棠樹決獄政事其下自侯伯至庶人各得其所無失職者

召公卒而民人思召公之政懷棠樹不敢伐歌詠之作甘棠之詩自召公已下九世至惠侯燕惠侯當周厲王奔彘共和之時惠侯卒子釐侯立是歲周宣王初即位釐侯二十一年鄭桓公初封於鄭三十六年釐侯卒子頃侯立頃侯二十年周幽王淫亂爲犬戎所弒秦始列爲諸侯二十四年頃侯卒子哀侯立哀侯二年卒子鄭侯立鄭侯三十六年卒子繆侯立繆侯七年而

魯隱公元年也十八年卒子宣侯立宣侯十三年卒 桓侯立徐廣曰古史考曰世家自宣侯已下不說其屬以其難明故也 桓侯七年卒世本曰桓侯徙臨易宋忠曰今河間易縣是也 莊公立莊公十二年齊桓公始霸十六年與宋衞共伐周惠王惠王出奔溫立惠王弟頹爲周王譙周曰案春秋傳燕與子頹逐周惠王者乃南燕姞姓也世家以爲北燕失之十七年鄭執燕仲父而內惠王于周二十七年山戎來侵我齊桓公救燕遂北伐山戎而還燕君送齊桓公出境桓公因割燕所至

地子燕使燕共貢天子如成周時職使燕
復修召公之法三十三年卒　襄公立襄
公二十六年晉文公爲踐土之會稱伯三
十一年秦師敗于殽三十七年秦穆公卒
四十年襄公卒桓公立桓公十六年卒宣
公立宣公十五年卒昭公立昭公十三年
卒武公立是歲晉滅三郤大夫武公十九
年卒文公立文公六年卒懿公立懿公元
年齊崔杼弒其君莊公四年卒子惠公立

惠公元年齊高止來奔六年惠公多寵姬公欲去諸大夫而立寵姬宋大夫共誅姬宋惠公懼奔齊四年齊高偃如晉請共伐燕入其君晉平公許與齊伐燕入惠公惠公至燕而死燕立悼公悼公七年卒共公立共公五年卒平公立晉公室卑六卿始彊大平公十八年吳王闔閭破楚入郢十九年卒簡公立簡公十二年卒獻公立晉趙鞅圍范中行於朝歌獻公十二年齊田

常弑其君簡公十四年孔子卒二十八年
獻公卒孝公立孝公十二年韓魏趙滅知
伯分其地三晉彊十五年孝公卒成公立
成公十六年卒湣公立湣公三十一年卒
釐公立是歲三晉列爲諸侯釐公三十年
伐敗齊于林營釐公卒桓公立桓公十一
年卒文公立是歲秦獻公卒秦益彊文公
十九年齊威王卒二十八年蘇秦始來見
說文公文公子車馬金帛以至趙趙肅侯

用之因約六國爲從長秦惠王以其女爲燕太子婦二十九年文公卒太子立是爲易王易王初立齊宣王因燕喪伐我取十城蘇秦說齊使復歸燕十城十年燕君爲王蘇秦與燕文公夫人私通懼誅乃說王使齊爲反間欲以亂齊孫子兵法曰反間者因敵間而用之者也凡軍之所欲擊城之所欲攻人之所欲殺必先知其守將左右謁者門者舍人之姓名令吾間必索敵間之來間我者因而利導舍之故反間可得用也易王立十二年卒子燕噲立燕噲既立齊人殺蘇秦蘇秦之在燕與

其相子之爲婚而蘇代與子之交及蘇秦死而齊宣王復用蘇代燕噲三年與楚三晉攻秦不勝而還子之相燕貴重主斷蘇代爲齊使於燕燕王問曰齊王奚如對曰必不霸燕王曰何也對曰不信其臣蘇代欲以激燕王以尊子之也於是燕王大信子之子之因遺蘇代百金而聽其所使鹿毛壽徐廣曰一作厝毛又曰甘陵縣本名厝謂燕王不如以國讓相子之人之謂堯賢者以其讓天下於許

由許由不受有讓天下之名而實不失天下今王以國讓於子之子之必不敢受是王與堯同行也燕王因屬國於子之子之大重或曰禹薦益已而以啓人爲吏及老而以啓爲不足任乎天下傳之於益已而啓與交黨攻益奪之天下謂禹名傳天下於益已而實令啓自取之今王言屬國於子之而吏無非太子人者是名屬子之而實太子用事也王因收印自三百石吏巳

上而效之子之子之南面行王事而噲老
不聽政顧爲臣國事皆決於子之三年國
大亂百姓恫恐將軍市被與太子平謀將
攻子之諸將謂齊湣王曰因而赴之破燕
必矣齊王因令人謂燕太子平曰寡人聞
太子之義將廢私而立公飭君臣之義明
父子之位寡人之國小不足以爲先後雖
然則唯太子所以令之太子因要黨聚衆
將軍市被圍公宮攻子之不克將軍市被

及百姓反攻太子平將軍市被死以徇因搆難數月死者數萬衆人惆恐百姓離志孟軻謂齊王曰今伐燕此文武之時不可失也王因令章子將五都之兵（章子齊人見孟子）以因北地之衆以伐燕士卒不戰城門不閉燕君噲死齊大勝燕子之亡（徐廣曰年表云君噲及太子相子之皆死駰案汲冢紀年曰齊人禽子之而醢其身）二年而燕人共立太子平是爲燕昭王（徐廣曰噲立七年而死其九年燕人共立太子平）燕昭王於破燕之後即位卑身厚幣以招賢者謂

郭隗曰齊因孤之國亂而襲破燕孤極知燕小力少不足以報然誠得賢士以共圖以雪先王之恥孤之願也先生視可者得身事之郭隗曰王必欲致士先從隗始況賢於隗者豈遠千里哉於是昭王爲隗改築宮而師事之樂毅自魏往鄒衍自齊往劇辛自趙往士爭趨燕燕王弔死問孤與百姓同甘苦二十八年燕國殷富士卒樂軼輕戰於是遂以樂毅爲上將軍與秦楚

三晉合謀以伐齊齊兵敗湣王出亡於外
燕兵獨追北入至臨菑盡取齊寶燒其宮
室宗廟齊城之不下者獨唯聊莒即墨其
餘皆屬燕六歲昭王三十三年卒子惠王
立惠王爲太子時與樂毅有隙及即位疑
毅使騎劫代將樂毅亡走趙齊田單以即
墨擊敗燕軍騎劫死燕兵引歸齊悉復得
其故城湣王死于莒乃立其子爲襄王惠
王七（原書第八葉至九葉）年卒韓魏楚共伐燕燕武成王立武

國燕人請和趙人不許必令將渠處和燕相將渠（以將渠爲相）以處和趙聽將渠解燕圍六年秦滅東西周置三川郡七年秦拔趙榆次三十七城秦置太原郡九年秦王政初即位十年趙使廉頗將攻繁陽（徐廣曰屬魏郡）拔之趙孝成王卒悼襄王立使樂乘代廉頗廉頗不聽攻樂乘樂乘走廉頗奔大梁十二年趙使李牧攻燕拔武遂（徐廣曰屬河間）方城（徐廣曰屬涿有督亢亭）劇辛故居趙與龐煖善已而亡走燕

燕見趙數困于秦而廉頗去令龐煖將也欲因趙獘攻之問劇辛辛曰龐煖易與耳燕使劇辛將擊趙趙使龐煖擊之取燕軍二萬殺劇辛秦拔魏二十城置東郡十九年秦拔趙之鄴九城趙悼襄王卒二十三年太子丹質於秦亡歸燕二十五年秦虜滅韓王安置潁川郡二十七年秦虜趙王遷滅趙趙公子嘉自立為代王燕見秦且滅六國秦兵臨易水徐廣曰出涿郡故安也禍且至燕

太子丹陰養壯士二十人使荊軻獻督亢地圖於秦因襲刺秦王秦王覺殺軻使將軍王翦擊燕二十九年秦攻拔我薊燕王亡徙居遼東斬丹以獻秦三十年秦滅魏三十三年秦拔遼東虜燕王喜卒滅燕是歲秦將王賁亦虜代王嘉

太史公曰召公奭可謂仁矣甘棠且思之況其人乎燕北迫蠻貉內措齊晉崎嶇彊國之閒最為弱小幾滅者數矣然社稷血

食者八九百歲於姬姓獨後亡豈非召公之烈邪

燕公世家第四

管蔡世家第五　史記三十五

管叔鮮蔡叔度者周文王子而武王弟也武王同母兄弟十人母曰大姒文王正妃也其長子曰伯邑考次曰武王發次曰管叔鮮次曰周公旦次曰蔡叔度次曰曹叔振鐸次曰成叔武次曰霍叔處次曰康叔封次曰冉季載冉季載最少同母兄弟十人（徐廣曰文王之子爲侯者十有六國）唯發旦賢左右輔文王故文王舍百邑考而以發爲太子及文王崩

而發立是爲武王伯邑考既已前卒矣武
王已克殷紂平天下封功臣昆弟於是封
叔鮮於管（杜預曰管在滎陽京縣東北）封叔度於蔡（世本曰居上蔡）二人相紂子武庚祿父治殷遺民封叔
旦於魯而相周爲周公封叔振鐸於曹封
叔武於成封叔處於霍康叔封冉季載皆
少未得封武王既崩成王少周公旦專王
室管叔蔡叔疑周公之爲不利於成王乃
挾武庚以作亂周公旦承成王命伐誅武

庚殺管叔而放蔡叔遷之與車十乘徒七
十人從而分殷餘民爲二其一封微子啓於
宋以續殷祀其一封康叔爲衞君是爲衞
康叔封季載於冉冉季康叔皆有馴行於
是周公舉康叔爲周司寇冉季爲周司空
以佐成王治皆有令名於天下蔡叔度既
遷而死其子曰胡胡乃改行率德馴善周
公聞之而舉胡以爲魯卿士魯國治於是
周公言於成王復封胡於蔡宋忠曰胡徙居新蔡以奉

蔡叔之祀是爲蔡仲餘五叔皆就國無爲
天子吏者蔡仲卒子蔡伯荒立蔡伯荒卒
子宮侯立宮侯卒子厲侯立厲侯卒子武
侯立武侯之時周厲王失國奔彘共和行
政諸侯多叛周武侯卒子夷侯立夷侯十
一年周宣王即位二十八年夷侯卒子釐
侯所事立釐侯三十九年周幽王爲犬戎
所殺周室卑而東徙秦始得列爲諸侯四
十八年釐侯卒子共侯興立共侯二年卒

子戴侯立戴侯十年卒子宣侯措父立宣侯三十八年魯隱公初立三十五年宣侯卒子桓侯封人立桓侯三年魯弑其君隱公二十年桓侯卒弟哀侯獻舞立哀侯十一年初哀侯娶陳息侯亦娶陳杜預曰息國汝南新息縣息夫人將歸過蔡蔡侯不敬息侯怒請楚文王來伐我我求救於蔡蔡必來楚因擊之可以有功楚文王從之虜蔡哀侯以歸哀侯留九歲死於楚凡立二十年卒蔡人

立其子肸是爲繆侯繆侯以其女弟爲齊桓公夫人十八年齊桓公與蔡女戲船中夫人蕩舟桓公止之不止公怒歸蔡女而不絕也蔡侯怒嫁其妹齊桓公怒伐蔡蔡潰遂虜繆侯南至楚邵陵已而諸侯爲蔡謝齊齊侯歸蔡侯二十九年繆侯卒子莊侯甲午立莊侯三年齊桓公卒十四年晉文公敗楚於城濮二十年楚太子商臣弒其父成王代立二十五年秦穆公卒三十

三年楚莊王即位三十四年莊侯卒子文侯申立文侯十四年楚莊王伐陳殺夏徵舒十五年楚圍鄭鄭降楚楚復醳之二十年文侯卒子景侯同立景侯元年楚莊王卒四十九年景侯爲太子般娶婦於楚而景侯通焉太子般弒景侯而自立是爲靈侯靈侯二年楚公子圍弒其王郟敖而自立爲靈王九年陳司徒招弒其君哀公楚使公子棄疾滅陳而有之十二年楚靈王

以靈侯弒其父誘蔡靈侯于申伏甲飲之醉而殺之刑其士卒七十人令公子棄疾圍蔡十一月滅蔡使棄疾爲蔡公楚滅蔡三歲楚公子棄疾弒其君靈王代立爲平王平王乃求蔡景侯少子廬立之是爲平侯（宋忠曰平侯徙下蔡）是年楚亦復立陳楚平王初立欲親諸侯故復立陳蔡後（世本曰平侯者靈侯般之孫太子友之子）平侯九年卒靈侯般之孫東國攻平侯子而自立是爲悼侯悼侯父曰隱太子友隱

太子友者靈侯之太子平侯立而殺隱太
子故平侯卒而隱太子之子東國攻平侯
子而代立是爲悼侯悼侯三年卒弟昭侯
申立昭侯十年朝楚昭王持美裘二獻其
一於昭王而自衣其一楚相子常欲之不
與子常讒蔡侯留之楚三年蔡侯知之乃
獻其裘於子常子常受之乃言歸蔡侯蔡
侯歸而之晉請與晉伐楚十三年春與衞
靈公會邵陵蔡侯私於周萇弘以求長於

衛服虔曰載書使蔡在衛上衛使史鰌言康叔之功德乃
長衛夏爲晉滅沈杜預曰汝南平輿縣有沈亭楚怒攻蔡蔡
昭侯使其子爲質於吳以共伐楚冬與吳
王闔閭遂破楚入郢蔡怨子常子常恐奔
鄭十四年吳去而楚昭王復國十六年楚
令尹爲其民泣以謀蔡蔡昭侯懼二十六
年孔子如蔡楚昭王伐蔡蔡恐告急於吳
吳爲蔡遠約遷以自近易以相救昭侯私
許不與大夫計吳人來救蔡因遷蔡于州

來二十八年昭矦將朝于吳大夫恐其復遷乃令賊利殺昭矦已而誅賊利以解過而立昭矦子朔是爲成矦（徐廣曰或作景）成矦四年宋滅曹十年齊田常弑其君簡公十三年楚滅陳十九年成矦卒子聲矦產立聲矦十五年卒子元矦立元矦六年卒子矦齊立矦齊四年楚惠王滅蔡蔡矦齊亡蔡遂絶祀後陳滅三十一年

伯邑考其後不知所封武王發其後爲周有本紀言管

叔鮮作亂誅死無後周公旦其後爲魯有
世家言蔡叔度其後爲蔡有世家言曹叔
振鐸其後爲曹有世家言成叔武其後世
無所見霍叔處其後晉獻公時滅霍康叔
封其後爲衞有世家言冉季載其後世無
所見　太史公曰管蔡作亂無足載者
然周武王崩成王少天下旣疑賴同母之
弟成叔冉季之屬十人爲輔拂是以諸侯
卒宗周故附之世家言　曹叔世家曹

叔振鐸者周武王弟也武王已克殷紂封叔振鐸於曹宋忠曰濟陽定陶縣叔振鐸卒子太伯脾立太伯卒子仲君平立仲君平卒子宮伯侯立宮伯侯卒子孝伯雲立孝伯雲卒子夷伯喜立夷伯二十二年周厲王奔于彘三十年卒弟幽伯強立幽伯九年弟蘇殺幽伯代立是爲戴伯戴伯元年周宣王已立三歲三十年戴伯卒子惠伯兕立孫檢曰兕音徐子反曹惠伯或名雉或名弟或復名弟兕也惠伯二十五年周幽王

爲犬戎所殺因東徙益畀諸侯畔之秦始
列爲諸侯三十六年惠伯卒子石甫立其
弟武殺之代立是爲繆公繆公三年卒子
桓公終生立孫檢云一作終湦湦音生桓公三十五年魯
隱公立四十五年魯弒其君隱公四十六
年宋華父督弒其君殤公及孔父五十五
年桓公卒子莊公夕姑立莊公二十三年
齊桓公始霸三十一年莊公卒子釐公夷
立釐公九年卒子昭公班立昭公六年齊

桓公敗蔡遂至楚召陵九年昭公卒子共公襄立共公十六年初晉公子重耳其亡過曹曹君無禮欲觀其駢脅韋昭曰駢者并幹也釐負羈諫不聽私善於重耳二十一年晉文公重耳伐曹虜共公以歸令軍毋入釐負羈之宗族閭或說晉文公曰昔齊桓公會諸侯復異姓今君囚曹君滅同姓何以令於諸侯晉乃復歸共公二十五年晉文公卒三十五年共公卒子文公壽立文公二十

三年卒子宣公彊立宣公十七年卒弟成公負芻立成公三年晉厲公伐曹虜成公以歸已復釋之五年晉欒書中行偃使程滑弒其君厲公二十三年成公卒子武公勝立武公二十六年楚公子棄疾弒其君靈王代立二十七年武公卒子平公須立平公四年卒子悼公午立是歲宋衛陳鄭皆火悼公八年宋景公立九年悼公朝於宋宋囚之曹立其弟野是為聲公悼公死

於宋歸葬聲公五年平公弟通弒聲公代立是爲隱公隱公四年聲公弟露弒隱公代立是爲靖公靖公四年卒子伯陽立伯陽三年國人有夢衆君子立于社宮賈逵曰社宮社也鄭衆曰社宮中有室屋者謀欲亡曹曹叔振鐸止之請待公孫彊許之旦求之曹無此人夢者戒其子曰我亡爾聞公孫彊爲政必去曹無罹曹禍及伯陽即位好田弋之事六年曹野人公孫彊亦好田弋獲白鴈而獻之

且言田弋之說因訪政事伯陽大說之有寵使爲司城以聽政夢者之子乃亡去公孫彊言霸說於曹伯十四年曹伯從之乃背晉干宋賈逵曰以小加大宋景公伐之晉人不救十五年宋滅曹執曹伯陽及公孫彊以歸而殺之曹遂絕其祀

太史公曰余尋曹共公之不用僖負羈乃乘軒者三百人知唯德之不建及振鐸之夢豈不欲引曹之祀者哉如公孫彊不脩

厥政叔鐸之祀忽諸

管蔡世家第五

宋刊大字本史記十行十六字裴駰集解字數樸實渾健學楷書中見娬媚之致足以學楷書者須較一般人法書臨摹此不可也蓋以紙真中有神妙護持要以純精完為正左手校

史世家五

垂綿世當具衣冠再拜焚無上

妙香以供奉之

道光辛卯單學傅記於肄詩閣

史記三十六

陳杞世家第六

陳胡公滿者虞帝舜之後也昔舜爲庶人時堯妻之二女居于嬀汭其後因爲氏姓姓嬀氏舜已崩傳禹天下而舜子商均爲封國夏后之時或失或續至于周武王克殷紂乃復求舜後得嬀滿封之於陳以奉帝舜祀是爲胡公胡公卒子申公犀侯立申公卒弟相公皐羊立相公卒立申公子突是爲孝公孝公卒子愼公圉戎立愼公立

當周厲王時愼公卒子幽公寧立幽公十二年周厲王奔于彘二十三年幽公卒子釐公孝立釐公六年周宣王即位三十六年釐公卒子武公靈立武公十五年卒子夷公說立是歲周幽王即位夷公三年卒弟平公爕立平公七年周幽王爲犬戎所殺周東徙秦始列爲諸侯二十三年平公卒子文公圉立文公元年取蔡女生子佗十年文公卒長子桓公鮑立桓公二十三

年魯隱公初立二十六年衛殺其君州吁三十三年魯弑其君隱公三十八年正月甲戌己丑陳桓公鮑卒桓公弟佗其母蔡女故蔡人爲佗殺五父及桓公太子免而立佗譙周曰春秋傳謂佗即五父世家與傳違是爲厲公桓公病而亂作國人分散故再赴徐廣曰班氏云厲公躍者桓公之弟也厲公二年生子敬仲完周太史過陳陳厲公使以周易筮之卦得觀之否賈逵曰坤下巽上觀坤下乾上否觀爻在六四變而之否是爲觀國之光利用賓于王杜預

曰此周易觀卦六四爻辭也易之爲書六爻皆有變象又有互體聖人隨其義而論之此其代陳有國乎不在此其在異國非此其身在其子孫若在異國必姜姓姜姓太嶽之後杜預曰姜姓之先爲堯四嶽物莫能兩大陳衰此其昌乎

厲公取蔡女蔡女與蔡人亂厲公數如蔡淫七年厲公所殺桓公太子免之三弟長曰躍中曰林少曰杵臼共令蔡人誘厲公以好女與蔡人共殺厲公公羊傳曰淫于蔡蔡人殺之而立躍是爲利公利公者桓公子也利公立

五月卒立中弟林是爲莊公莊公七年卒少弟杵臼立是爲宣公宣公三年楚武王卒楚始彊十七年周惠王娶陳女爲后二十一年宣公後有嬖姬生子款欲立之乃殺其太子禦寇禦寇素愛厲公子完完懼禍及己乃奔齊齊桓公欲使陳完爲卿完曰羈旅之臣（賈逵曰羈寄旅客也）幸得免負檐君之惠也不敢當高位桓公使爲工正齊懿仲欲妻陳敬仲卜之占曰是謂鳳皇于飛和鳴

鏘鏘杜預曰雄曰鳳雌曰皇雄雌俱飛相和而鳴鏘鏘然也猶敬仲夫妻有聲譽有嬀之後將育于姜杜預曰嬀陳姓姜齊姓五世其昌並于正卿服虔曰言完後五世與卿並列八世之後莫之與京賈逵曰京大也三十七年齊桓公伐蔡蔡敗南侵楚至召陵還過陳陳大夫轅濤塗惡其過陳詐齊令出東道東道惡桓公怒執陳轅濤塗是歲晉獻公殺其太子申生四十五年宣公卒子款立是爲穆公穆公五年齊桓公卒十六年晉文公敗楚師于城濮是歲穆

公卒子共公朔立共公六年楚太子商臣弑其父成王代立是爲穆王十一年秦穆公卒十八年共公卒子靈公平國立靈公元年楚莊王即位六年楚伐陳十年陳及楚平十四年靈公與其大夫孔寧儀行父皆通於夏姬衷其衣以戲於朝左傳曰衷其衵服穀梁傳曰或衣其衣或中其襦泄冶諫曰君臣淫亂民何效焉靈公以告二子二子請殺泄冶公弗禁遂殺泄冶春秋曰陳殺其大夫泄冶十五年靈公與二子飲

於夏氏公戲二子曰徵舒似汝二子曰亦似公杜預曰靈公即位十五年徵舒已爲卿年大無嫌是公子也蓋以夏姬淫放故謂其子多似以爲戲也徵舒怒靈公罷酒出徵舒伏弩廏門射殺靈公左傳曰公出自其廏孔寧儀行父皆奔楚靈公太子午奔晉徵舒自立爲陳侯徵舒故陳大夫也夏姬御叔之妻舒之母也成公元年冬楚莊王爲夏徵舒殺靈公率諸侯伐陳謂陳曰無驚吾誅徵舒而已已誅徵舒因縣陳而有之羣臣畢賀申叔時使於

齊來還獨不賀賈逵曰叔時楚大夫莊王問其故對曰
鄙語有之牽牛徑人田田主奪之牛徑則
有罪矣奪之牛不亦甚乎今王以徵舒爲
賊弑君故徵兵諸侯以義伐之已而取之
以利其地則後何以令於天下是以不賀
莊王曰善乃迎陳靈公太子午於晉而立
之復君陳如故是爲成公孔子讀史記至
楚復陳曰賢哉楚莊王輕千乘之國而重
一言二十八年楚莊王卒二十九年陳倍楚

盟三十年楚共王伐陳是歲成公卒子哀公弱立楚以陳喪罷兵去哀公三年楚圍陳復釋之二十八年楚公子圍弒其君郟敖自立爲靈王三十四年初哀公娶鄭長姬生悼太子師少姬生偃二嬖妾長妾生留少妾生勝留有寵哀公哀公屬之其弟司徒招哀公病三月招殺悼太子立留爲太子哀公怒欲誅招招發兵圍守哀公哀公自經殺徐廣曰三十五年時招卒立留爲陳君四月

陳使使赴楚楚靈王聞陳亂乃殺陳使者使公子弃疾發兵伐陳陳君留奔鄭九月楚圍陳十一月滅陳使弃疾為陳公招之殺悼太子也太子之子名吳出奔晉晉平公問太史趙曰陳遂亡乎對曰陳顓頊之族服虔曰陳祖虞舜舜出顓頊故為顓頊之族陳氏得政於齊乃卒亡賈逵曰物莫能兩盛自幕至于瞽叟無違命賈逵曰幕舜後虞思也至于瞽叟無聞違天命以廢絕者鄭衆曰幕舜之先也駰案國語賈義為長舜重之以明德至於遂杜預曰遂舜後蓋殷之興存舜之後而封遂言舜德乃至於遂也世世

守之及胡公周賜之姓杜預曰胡公滿遂之後也事周武王賜姓曰嬀封之陳使祀虞帝且盛德之後必百世祀虞之世未也其在齊乎楚靈王滅陳五歲楚公子弃疾弒靈王代立是爲平王平王初立欲得和諸侯乃求故陳悼太子師之子吳立爲陳侯是爲惠公惠公立探續哀公卒時年而爲元空籍五歲矣七年陳火十五年吳王僚使公子光伐陳取胡沈而去二十八年吳王闔閭與子胥敗楚入郢是年

惠公卒子懷公柳立懷公元年吳破楚在郢召陳侯陳侯欲往大夫曰吳新得意楚王雖亡與陳有故不可倍懷公乃以疾謝吳四年吳復召懷公懷公恐如吳吳怒其前不往留之因卒吳陳乃立懷公之子越是爲湣公湣公六年孔子適陳吳王夫差伐陳取三邑而去十三年吳復來伐陳陳告急楚楚昭王來救軍於城父吳師去是年楚昭王卒於城父時孔子在陳十五年

宋滅曹十六年吴王夫差伐齊敗之艾陵使人召陳矦陳矦恐如吴楚伐陳二十一年齊田常弑其君簡公二十三年楚之白公勝殺令尹子西子綦襲惠王葉公攻敗白公白公自殺二十四年楚惠王復國以兵北伐殺陳湣公遂滅陳而有之是歳孔子卒

杞東樓公者夏后禹之後苗裔也殷時或封或絶周武王克殷紂求禹之後得東樓公封之於杞（宋忠曰杞今陳留雍丘縣也）以奉

夏后氏杞東樓公生西樓公西樓公生題
公題公生謀娶公謀娶公（徐廣曰謀一作謨）當周厲
王時謀娶公生武公武公立四十七年卒
子靖公立靖公二十三年卒子共公立共
公八年卒子德公立（徐廣曰世本曰惠公）德公十八年
卒弟桓公姑容立（徐廣曰世本曰惠公立十八年生成公及桓公成公立十八年桓公立十七年）桓公十七年卒子孝公匄立孝公
十七年卒弟文公益姑立文公十四年卒
弟平公鬱立平公十八年卒子悼公成立

悼公十二年卒子隱公乞立七月隱公弟遂弒隱公自立是爲釐公釐公十九年卒子湣公維立湣公十五年楚惠王滅陳十六年湣公弟閼路弒湣公代立是爲哀公哀公立十年卒湣公子敕立徐廣曰敕一作遬是爲出公出公十二年卒子簡公春立立一年楚惠王之四十四年滅杞杞後陳亡三十四年杞小微其事不足稱述舜之後周武王封之陳至楚惠王滅之有世家言禹之

後周武王封之杞楚惠王滅之有世家言契之後爲殷殷有本紀言殷破周封其後於宋齊湣王滅之有世家言后稷之後爲周秦昭王滅之有本紀言皐陶之後或封英六楚穆王滅之無譜伯夷之後至周武王復封於齊曰太公望陳氏滅之有世家言伯翳之後至周平王時封爲秦項羽滅之有本紀言垂益夔龍其後不知所封不見也　右十一人者皆唐虞之際名有

功德臣也其五人之後皆至帝王餘乃爲顯諸矦滕薛騶夏殷周之閒封也小不足齒列弗論也周武王時矦伯尚千餘人及幽厲之後諸矦力政相并江黄胡沈之屬不可勝數故弗采著于傳上

太史公曰舜之德可謂至矣禪位於夏而後世血食者歷三代及楚滅陳而田常得政於齊卒爲建國百世不絕苗裔兹兹有土者不乏焉至禹於周則杞微甚不足數

也楚惠王滅杞其後越王句踐興

陳杞世家第六

衛康叔世家第七　史記三十七

衛康叔名封周武王同母少弟也其次尚
有冄季冄季最少武王已克殷紂復以殷
餘民封紂子武庚祿父比諸侯以奉其先
祀勿絶爲武庚未集恐其有賊心武王乃
令其弟管叔蔡叔傅相武庚祿父以和其
民武王既崩成王少周公旦代成王治當
國管叔蔡叔疑周公乃與武庚祿父作亂
欲攻成周周公旦以成王命興師伐殷殺

武庚祿父管叔放蔡叔以武庚殷餘民封康叔爲衛君居河淇間故商墟周公旦懼康叔齒少乃申告康叔曰必求殷之賢人君子長者問其先殷所以興所以亡而務愛民告以紂所以亡者以淫於酒酒之失婦人是用故紂之亂自此始爲梓材示君子可法則故謂之康誥酒誥梓材以命之康叔之國旣以此命能和集其民民大說成王長用事舉康叔爲周司寇賜衛寶祭

器左傳曰分康叔以大路大旂少帛綪茷旃旌大呂賈逵曰大路金路也少帛雜帛也綪茷大赤也通帛為旃析羽為旌大呂鐘名鄭衆曰綪茷旆名也以章有德康叔卒子康伯代立康伯卒子考伯立考伯卒子嗣伯立嗣伯卒子庱史記音隱曰音捷伯立庱伯卒子靖伯立靖伯卒子貞伯立貞伯卒子頃侯立頃侯厚賂周夷王夷王命衞為侯頃侯立十二年卒子釐侯立釐侯十三年周厲王出犇于彘共和行政焉二十八年周宣王立四十二年釐侯卒太子共伯餘立為

君共伯弟和有寵於釐侯多予之賂和以其賂賂士以襲攻共伯於墓上共伯入釐侯羨自殺衛人因葬之釐侯旁謚曰共伯而立和爲衛侯是爲武公武公即位脩康叔之政百姓和集四十二年犬戎殺周幽王武公將兵往佐周平戎甚有功周平王命武公爲公五十五年卒子莊公楊立莊公五年取齊女爲夫人好而無子又取陳女爲夫人生子蚤死陳女女弟亦幸於莊

公而生子完完毋死莊公令夫人齊女子之立爲太子莊公有寵妾生子州吁十八年州吁長好兵莊公使將石碏諫莊公（賈逵曰石碏衛上卿）曰庶子好兵使將亂自此起不聽二十三年莊公卒太子完立是爲桓公桓公二年弟州吁驕奢桓公絀之州吁出犇十三年鄭伯弟段攻其兄不勝亡而州吁求與之友十六年州吁收聚衛亡人以襲殺桓公州吁自立爲衛君爲鄭伯弟段欲伐

鄭請宋陳蔡與俱三國皆許州吁州吁新
立好兵弑桓公衛人皆不愛石碏乃因桓
公母家於陳詳爲善州吁至鄭郊石碏與
陳侯共謀使右宰醜進食因殺州吁于濮
服虔曰右宰醜衛大夫濮陳地而迎桓公弟晉於邢而立之
賈逵曰邢周公之胤姬姓國是爲宣公宣公七年魯弑其
君隱公九年宋督弑其君殤公及孔父十
年晉曲沃莊伯弑其君哀侯十八年初宣
公愛夫人夷姜夷姜生子伋以爲太子而

令右公子傅之右公子爲太子取齊女未
入室而宣公見所欲爲太子婦者好說而
自取之更爲太子取他女宣公得齊女生
子壽子朔令左公子傅之杜預曰左右媵之子因以爲號太子
子伋母死宣公正夫人與朔共讒惡太子
伋宣公自以其奪太子妻也心惡太子欲
廢之及聞其惡大怒乃使太子伋於齊而
令盜遮界上殺之與太子白旄而告界盜
見持白旄者殺之且行子朔之兄壽太子

異母弟也知朔之惡太子而君欲殺之乃謂太子曰界盜見太子白旄即殺太子太子可毋行太子曰逆父命求生不可遂行壽見太子不止乃盜其白旄而先馳至界界盜見其驗即殺之壽已死而太子伋又至謂盜曰所當殺乃我也盜并殺太子伋以報宣公宣公乃以子朔為太子十九年宣公卒太子朔立是為惠公左右公子不平朔之立也惠公四年左右公子怨惠公

之讒殺前太子伋而代立乃作亂攻惠公
立太子伋之弟黔牟爲君惠公犇齊衛君
黔牟立八年齊襄公率諸侯奉王命共伐
衛納衛惠公誅左右公子衛君黔牟犇于
周惠公復立惠公立三年出亡亡八年復
入與前通年凡十一年矣二十五年惠公
怨周之容舍黔牟與燕伐周周惠王犇温
衛燕立惠王弟頽爲王二十九年鄭復納
惠王三十一年惠公卒子懿公赤立懿公

即位好鶴淫樂奢侈九年翟伐衛衛懿公欲發兵兵或畔大臣言曰君好鶴鶴可令擊翟翟於是遂入殺懿公懿公之立也百姓大臣皆不服自懿公父惠公朔之讒殺太子伋代立至於懿公常欲敗之卒滅惠公之後而更立黔牟之弟昭伯頑之子申爲君是爲戴公戴公申元年卒齊桓公以衛數亂乃率諸侯伐翟爲衛築楚丘立戴公弟燬爲衛君 賈誼書曰衛侯朝於周周行人問其名荅曰衛侯辟彊周行人

還之曰啓彊辟彊天子之號諸侯弗得用衛侯更其名曰燬然後受之是爲文公文公
以亂故犇齊齊人入之初翟殺懿公也衛
人憐之思復立宣公前死太子伋之後伋
子又死而代伋死者子壽又無子太子伋
同母弟二人其一曰黔牟黔牟嘗代惠公
爲君八年復去其二曰昭伯昭伯黔牟皆
已前死故立昭伯子申爲戴公戴公卒復
立其弟燬爲文公文公初立輕賦平罪身
自勞與百姓同苦以收衛民十六年晉公

子重耳過無禮十七年齊桓公卒二十五年文公卒子成公鄭立成公三年晉欲假道於衞救宋成公不許晉更從南河度服虔曰南河濟南之東南流河也杜預曰從汲郡南度出衞南救宋徵師於衞衞大夫欲許成公不肯大夫元咺攻成公成公出奔晉文公重耳伐衞分其地予宋討前過無禮及不救宋患也衞成公遂出奔陳二歲如周求入與晉文公會晉使人鴆衞成公成公私於周主鴆令薄得不死已

而周爲請晉文公卒入之衛而誅元咺衛君瑕出犇七年晉文公卒十二年成公朝晉襄公十四年秦穆公卒二十六年齊邴歜弑其君懿公三十五年成公卒世本曰成公徙濮陽宋忠曰濮濮陽帝丘地名子穆公遬立穆公二年楚莊王伐陳殺夏徵舒三年楚莊王圍鄭鄭降復釋之十一年孫良夫救魯伐齊復得侵地穆公卒子定公臧立定公十二年卒子獻公衎立獻公十三年公令師曹教宮

妾鼓琴賈逵曰師曹樂人妾不善曹笞之妾以幸惡曹於公公亦笞曹三百十八年獻公戒孫文子甯惠子食皆往日旰不召服虔曰孫文子林父也甯惠子甯殖也敕戒二子欲共宴食皆服朝衣待命旰晏也而去射鴻於囿二子從之服虔曰從公於囿公不釋射服與之言左傳曰不釋皮冠二子怒如宿服虔曰孫文子邑也孫文子子數侍公飲左傳曰文子子即孫蒯也使師曹歌巧言之卒章杜預曰巧言詩小雅也其卒章曰彼何人斯居河之麋無拳無勇職爲亂階公欲以譬文子居河上而爲亂師曹又怒公之嘗笞三百乃歌之欲以怒

孫文子報衛獻公文子語蘧伯玉伯玉曰臣不知也賈逵曰伯玉衛大夫遂攻出獻公獻公奔齊齊置衛獻公於聚邑孫文子甯惠子共立定公弟秋爲衛君是爲殤公徐廣曰班氏云獻公弟焱殤公秋立封孫文子林父於宿十二年甯喜與孫林父爭寵相惡殤公使甯喜攻孫林父林父奔晉復求入故衛獻公獻公在齊齊景公聞之與衛獻公如晉求入晉爲伐衛誘與盟衛殤公會晉平公平公執殤公

與甯喜而復入衞獻公獻公亡在外十二年而入獻公後元年誅甯喜三年吳延陵季子使過衞見蘧伯玉史鰌曰衞多君子其國無故過宿孫林父爲擊磬曰不樂音大悲使衞亂乃此矣是年獻公卒子襄公惡立襄公六年楚靈王會諸侯襄公稱病不往九年襄公卒初襄公有賤妾幸之有身夢有人謂曰我康叔也令若子必有衞名而子曰元妾怪之問孔成子服虔曰衞卿孔烝鉏成

子曰康叔者衛祖也及生子男也以告襄公襄公曰天所置也名之曰元襄公夫人無子於是乃立元爲嗣是爲靈公靈公五年朝晉昭公六年楚公子棄疾弑靈王自立爲平王十一年火三十八年孔子來祿之如魯後有隙孔子去後復來三十九年太子蒯聵與靈公夫人南子有惡（賈逵曰南子宋女）欲殺南子蒯聵與其徒戲陽遬謀朝使殺夫人（賈逵曰戲陽遬太子家臣）戲陽後悔不果蒯聵數目

之夫人覺之懼呼曰太子欲殺我靈公怒太子蒯聵奔宋已而之晉趙氏四十二年春靈公游于郊令子郢僕賈逵曰僕御也郢靈公少子也字子南靈公怨太子出奔謂郢曰我將立若爲後郢對曰郢不足以辱社稷君更圖之服虔曰郢自謂己無德不足立以汙辱社稷夏靈公卒夫人命子郢爲太子曰此靈公命也郢曰亡人太子蒯聵之子輒在也不敢當於是衞乃以輒爲君是爲出公六月乙酉趙簡子

欲入蒯聵乃令陽虎詐命衛十餘人衰經歸服虔曰衰經爲若從衛來迎太子也簡子送蒯聵衛人聞之發兵擊蒯聵蒯聵不得入入宿而保衛人亦罷兵出公輒四年齊田乞弑其君孺子八年齊鮑子弑其君悼公孔子自陳入衛九年孔文子問兵於仲尼仲尼不對其後魯迎仲尼仲尼反魯十二年初孔圉文子取太子蒯聵之姊生悝孔氏之豎渾良夫美好孔文子卒良夫通於悝母太子在宿

悝母使良夫於太子太子與良夫言曰苟能入我國報子以乘軒免子三死毋所與杜預曰軒大夫車也三死死罪三與之盟許以悝母爲妻閏月良夫與太子入舍孔氏之外圃服虔曰圃園昏二人蒙衣而乘服虔曰二人謂良夫太子蒙衣爲婦人之服以巾蒙其頭而共乘也官者羅御如孔氏孔氏之老欒甯問之服虔曰家臣稱老問其姓名稱姻妾以告賈逵曰婚姻家妾也遂入適伯姬氏服虔曰入孔氏家適伯姬所居旣食悝母杖戈而先服虔曰先至孔悝所太子與五人介輿猳從之賈逵曰介被甲也輿猳豚

欲以盟伯姬劫悝於廁強盟之遂劫以登臺服虔

曰於衛臺上召衛羣臣欒甯將飲酒炙未孰聞亂使告

仲由服虔曰季路爲孔氏邑宰故告之召護駕乘車服虔曰召護衛

大夫駕乘車不駕兵車也言無距父之意行爵食炙服虔曰欒甯使召季路乃行爵

食炙奉出公輒奔魯服虔曰召護奉衛侯仲由將入遇子

羔將出賈逵曰子羔衛大夫高柴孔子弟子也將出奔曰門已閉矣子

路曰吾姑至矣杜預曰且欲至門子羔曰不及莫踐

其難賈逵曰言家臣憂不及國不得踐履其難鄭衆曰是時輒以出不及事不當踐其難子羔

言不及以爲季路欲死國也子路曰食焉不辟其難服虔曰言

食悝之祿欲救悝之難此明其不死國也子羔遂出子路入及門公孫敢闔門曰毋入爲也服虔曰公孫敢衛大夫言輒已出無爲復入子路曰是公孫也求利而逃其難由不然利其祿必救其患有使者出子路乃得入曰太子焉用孔悝雖殺之必或繼之王肅曰必有繼續其後攻太子且曰太子無勇若燔臺必舍孔叔太子聞之懼下石乞盂黶敵子路服虔曰二子蒯聵之臣敵當也以戈擊之割纓子路曰君子死冠不免服虔曰不使冠在地結纓而死孔子聞衛亂曰嗟乎

柴也其來乎由也其死矣孔悝竟立太子蒯聵是為莊公莊公蒯聵者出公父也居外怨大夫莫迎立元年即位欲盡誅大臣曰寡人居外久矣子亦嘗聞之乎羣臣欲作亂乃止二年魯孔丘卒三年莊公上城見戎州賈逵曰戎州戎人之邑曰戎虜何為是戎州病之十月戎州告趙簡子簡子圍衛十一月莊公出犇衛人立公子斑師為衛君左傳曰斑師襄公之孫齊伐衛虜斑師更立公子起為衛

君服虔曰起靈公子衛君起元年衛石曼尃逐其君
起起犇齊衛出公輒自齊復歸立初出公
立十二年亡亡在外四年復入出公後元
年賞從亡者立二十一年卒出公季父黚
攻出公子而自立是爲悼公悼公五年卒
子敬公弗立世本云敬公費也敬公十九年卒子昭
公糾立是時三晉彊衛如小矦屬之昭公
六年公子亹弒之代立是爲懷公懷公十
一年公子頹弒懷公而代立是爲愼公愼

公父公子適適父敬公也愼公四十二年卒子聲公訓立聲公十一年卒子成侯速立成侯十一年公孫鞅入秦十六年衞更貶號曰侯二十九年成侯卒子平侯立平侯八年卒子嗣君立嗣君五年更貶號曰君獨有濮陽四十二年卒子懷君立懷君三十一年朝魏魏因殺懷君魏更立嗣君弟是爲元君元君爲魏壻故魏立之徐廣曰班氏云元君者懷君之弟元君十四年秦拔魏東地秦初

置東郡更徙衛野王縣而并濮陽爲東郡

二十五年元君卒子君角立年表云元君十一年秦置東郡

十二年徙野王二十三年卒君角九年秦并天下立爲始皇

帝二十一年二世廢君角爲庶人衛絶祀

太史公曰余讀世家言至於宣公之太子以婦見誅弟壽爭死以相讓此與晉太子申生不敢明驪姬之過同俱惡傷父之志然卒死亡何其悲也或父子相殺兄弟相滅亦獨何哉

衛康叔世家第七

宋微子世家第八　史記三十八

微子開者孔安國曰微畿內國名子爵也爲紂卿士殷帝乙之首子而紂之庶兄也紂既立不明淫亂於政微子數諫紂不聽及祖伊以周西伯昌之修德滅阢徐廣曰阢音耆阢國懼禍至以告紂紂曰我生不有命在天乎是何能爲於是微子度紂終不可諫欲死之及去未能自決乃問於太師少師孔安國曰太師三公箕子也少師孤卿比干也曰殷不有治政不治四方孔安國曰言殷不有治政四方之事將必亡也我祖遂陳

於上[馬融曰我祖湯也孔安國曰/言湯遂其功陳力於上世也]紂沈湎於酒婦

人是用亂敗湯德於下[馬融曰下/下世也]殷既小大

好草竊姦軌[孔安國曰草野盜竊/又爲姦宄於外內]卿士師師非

度[馬融曰非但小人學爲姦宄卿/士巳下轉相師效爲非法度]皆有罪辜乃無

維獲[鄭玄曰獲得也羣臣皆有是罪其/爵祿又無常得之者言屢相攻奪]小民乃並興

相爲敵讎[孔安國曰卿士既亂而小民/各起共爲敵讎言不和同]今殷其典

喪若涉水無津涯[徐廣曰一作涉水無舟航/言危也駰謂典國典也]殷遂

喪越至于今[馬融曰越於也於/是至矣於今到矣]曰太師少師[馬/融]

曰重乎[原書第葉爲白葉]/告之]我其發出往[鄭玄曰發起也紂禍敗/如此我其起作出往也]吾家保

君有過而不以死爭則百姓何辜乃直言諫紂紂怒曰吾聞聖人之心有七竅信有諸乎乃遂殺王子比干刳視其心微子曰父子有骨肉而臣主以義屬故父有過子三諫不聽則隨而號之人臣三諫不聽則其義可以去矣於是太師少師乃勸微子去遂行（時比干已死而云少師者似誤）周武王伐紂克殷微子乃持其祭器造於軍門肉袒面縛左牽羊右把茅膝行而前以告於是武王乃釋微

子復其位如故武王封紂子武庚祿父以續殷祀使管叔蔡叔傅相之武王既克殷訪問箕子武王曰於乎維天陰定下民相和其居（孔安國曰天不言而默定下民助合其居使有常生之資也）我不知其常倫所序（孔安國曰言我不知天所以定民之常道理次叙問何由）箕子對曰在昔鯀陻鴻水汩陳其五行（孔安國曰陻塞汩亂也治水失道是亂陳五行）帝乃震怒不從鴻範九等常倫所斁（徐廣曰一作釋駰案鄭玄曰帝天也天以鯀如是乃震動其威怒不與天道大法九類言王所問所由敗也）鯀則殛死禹乃嗣興（鄭玄曰春秋傳曰舜之誅也殛鯀其舉也興禹）天

乃錫禹鴻範九等常倫所序孔安國曰天與禹洛出書也神龜負文而出列於背有數至于九禹遂因而第之以成九類初一曰五行二曰五事三曰八政四曰五紀五曰皇極六曰三德七曰稽疑八曰庶徵九曰嚮用五福畏用六極馬融曰言天所以畏懼人用六極五行一曰水二曰火三曰木四曰金五曰土鄭玄曰此數本諸陰陽所生之次也水曰潤下火曰炎上孔安國曰言其自然之常性也木曰曲直孔安國曰木可揉使曲直也金曰從革馬融曰金之性從人而更可銷鑠土曰稼穡王肅曰種之曰稼斂之曰穡潤下作鹹孔安國曰水鹵所生炎上作苦孔安國曰焦氣

之味曲直作酸孔安國曰木實之性從革作辛孔安國曰金氣之味稼穡作甘孔安國曰甘味生於百穀五行以下箕子所陳五事一曰貌二曰言三曰視四曰聽五曰思貌曰恭言曰從馬融曰發言當使可從視曰明聽曰聰思曰睿馬融曰睿通也恭作肅從作治馬融曰出令而從所以爲治也明作智聰作謀孔安國曰所謀必成審也馬融曰上聽則下進其謀睿作聖孔安國曰於事無不通謂之聖八政一曰食二曰貨三曰祀四曰司空馬融曰司空掌營城郭主空土以居民五曰司徒孔安國曰主徒衆教以禮義六曰司寇馬融曰主誅寇害七曰賓鄭玄曰掌諸侯朝覲之官八曰師鄭玄曰掌軍旅之官五

紀一曰歲二曰月三曰日四曰星辰馬融曰星二十八宿辰日月之所會也鄭玄曰星五星也五曰歷數孔安國曰歷數節氣之度以爲歷數敬授民時皇極皇建其有極孔安國曰大中之道大立其有中謂行九疇之義斂時五福用傅錫其庶民馬融曰當斂是五福之道用布與衆民維時其庶民于女極馬融曰以其能斂是五福故衆民於汝取中正以歸心也錫女保極鄭玄曰又賜女以守中之道凡厥庶民毋有淫朋人毋有比德維皇作極孔安國曰民有善則無淫過朋黨之惡比周之德惟天下皆大爲中正也凡厥庶民有猷有爲有守女則念之馬融曰凡其衆民有謀有爲有所執守當思念其行有所趣舍也不協于極不離

于咎皇則受之孔安國曰凡民之行雖不合於中而不罹於咎惡皆可進用大法受之而安而色曰予所好德女則錫之福孔安國曰女當安女顏色以謙下人人曰我所好者德也女則與之爵禄時人斯其維皇之極孔安國曰不合于中之人女與之福則是人此其惟大之中言可勉進也毋侮鰥寡而畏高明馬融曰高明顯寵者不枉法畏之人之有能有為使羞其行而國其昌王肅曰使進其行任之以政則國為之昌凡厥正人既富方穀孔安國曰正直之人既當爵禄富之又當以善道接之女不能使有好于而家時人斯其辜孔安國曰不能使正人有好於國家則是人斯其詐取罪而去也于其毋好女雖錫之福其作女

用咎鄭玄曰無好於女家之人雖賜之以爵祿其動作爲女用惡謂爲天子結怨於民毋偏毋頗遵王之義孔安國曰偏不平頗不正言當修先王正義以治民毋有作好遵王之道馬融曰好私好也毋有作惡遵王之路毋偏毋黨王道蕩蕩孔安國曰言開辟也鄭玄曰黨朋黨毋黨毋偏王道平平孔安國曰言辨治也毋反毋側王道正直馬融曰反反道也側傾側也會其有極鄭玄曰謂君也當會聚有中之人以爲臣也曰王極之傳言歸其有極鄭玄曰謂臣也當就有中之君而事之馬融曰王者當盡極行之使臣下布陳其言是夷是訓于帝其順馬融曰是大中而常行之用是敎訓天下於天爲順也凡厥庶民極之傳言馬融

曰亦盡極敷陳其言於上也是順是行王肅曰民納言於上而得中者則順而行之以近天子之光王肅曰近猶益也順行民言所以益天子之光曰天子作民父母以爲天下王王肅曰政教務中民善是用所以爲民父母而爲天下所歸往三德一曰正直鄭玄曰中平之人二曰剛克三曰柔克鄭玄曰克能也剛而能柔柔而能剛寬猛相濟以成治立功平康正直孔安國曰世平康用正直治之彊不友剛克孔安國曰友順也世彊禦不順以剛能治之内友柔克孔安國曰世和順以柔能治之也沈漸剛克馬融曰沈陰也潜伏也陰伏之謀謂賊臣亂子非一朝一夕之漸君親無將將而誅焉高明柔克馬融曰高明君子亦以德懷也維辟作福維辟作威維辟玉食馬融曰辟君也玉食美食

不言王者關諸侯也鄭玄曰作福專爵賞也作威專刑罰也玉食備珍美也臣无有作福作威玉食臣有作福作威玉食其害于而家凶于而國人用側頗辟民用僭忒孔安國曰在位不端平則下民僭差稽疑擇建立卜筮人孔安國曰龜曰卜蓍曰筮考正疑事當選擇知卜筮人而建立之乃命卜筮曰雨曰濟曰涕尚書作圛曰霧徐廣曰一曰洟曰被曰克曰貞曰悔凡七卜五占之用二衍貣鄭玄曰卜五占之用謂雨濟圛霧克也二衍貣謂貞悔也將立卜筮人乃先命名兆卦而分別之兆卦之名凡七龜用五易用二審此道者乃立之也雨者兆之體氣如雨然也濟者如雨止之雲氣在上者也圛者色澤而光明也霧者氣不釋鬱冥冥也克者如祲氣之色相犯也內卦

曰貞貞正也外卦曰悔悔之言晦也晦猶終也卦象多變故言衍貳立時人爲卜筮鄭玄曰立是能分别兆卦之名者以爲卜筮人三人占則從二人之言鄭玄曰從其多者著龜之道幽微難明愼之深女則有大疑謀及女心謀及卿士謀及庶人謀及卜筮孔安國曰先盡謀慮然後卜筮以決之女則從龜從筮從卿士從庶民從是之謂大同孔安國曰大同於吉而身其康強而子孫其逢吉孔安國曰動不違衆故後世遇吉也女則從龜從筮從卿士逆庶民逆吉卿士從龜從筮從女則逆庶民逆吉庶民從龜從筮從女則逆卿士逆吉

鄭玄曰此三者皆從多故爲吉女則從龜從筮逆卿士逆庶民逆作內吉作外凶鄭玄曰此逆者多以故舉事於境內則吉境外則凶龜筮共違于人用靜吉用作凶孔安國曰安以守常則吉動則凶鄭玄曰龜筮皆與人謀相違人雖三從猶不可以舉事庶徵曰雨曰陽曰燠曰寒曰風曰時孔安國曰雨以潤物陽以乾物煖以長物寒以成物風以動物五者各以時所以爲衆驗五者來備各以其序庶草蕃廡孔安國曰言五者備至各以次序則衆草木蕃廡滋豐也一極備凶一極亡凶孔安國曰一者備極過甚則凶一者極無不至亦凶謂其不時失叙之謂也曰休徵孔安國曰叙美行之驗曰肅時雨若孔安國曰君行敬則時雨順之曰治時陽若孔安國曰君政治則時陽順之曰

知時奧若孔安國曰君昭晢則時燠順之曰謀時寒若孔安國曰君能謀則時寒順之曰聖時風若孔安國曰君能通理則時風順之曰咎徵孔安國曰敘惡行之驗也曰狂常雨若孔安國曰君行狂妄則常雨順之曰僭常陽若孔安國曰君行僭差則常陽順之曰舒常奧若孔安國曰君行逸豫則常燠順之曰急常寒若孔安國曰君行急則常寒順之曰霧常風若孔安國曰君行霧闇則常風順之王省維歲馬融曰言王者所省職如歲兼四時也卿士維月孔安國曰卿士各有所掌如月之有別師尹維日孔安國曰衆正官之吏分治其職如日之有歲月也歲月日時毋易孔安國曰各順常百穀用成治用明孔安國曰歲月無易則百穀成君臣無易則正治明畯民用章家用平

康孔安國曰賢臣顯用國家平寧日月歲時旣易百穀用不成治用昏不明畯民用微家用不寧庶民維星孔安國曰星民象故衆民惟若星也星有好風星有好雨馬融曰箕星好風畢星好雨日月之行有冬有夏孔安國曰日月之行冬夏各有常度月之從星則以風雨孔安國曰月經于箕則多風離于畢則多雨政教失常以從民欲亦所以亂五福一曰壽二曰富三曰康寧鄭玄曰康寧平安四曰攸好德孔安國曰所好者德福之道五曰考終命孔安國曰各成其短長之命以自終不橫夭六極一曰凶短折鄭玄曰未齓曰凶未冠曰短未婚曰折二曰疾三曰憂四曰貧五

曰惡（孔安國曰惡醜陋也）六曰弱（鄭玄曰愚懦不壯毅曰弱）於是武王乃封箕子於朝鮮而不臣也其後箕子朝周過故殷虛感宮室毀壞生禾黍箕子傷之欲哭則不可欲泣爲其近婦人乃作麥秀之詩以歌詠之其詩曰麥秀漸漸兮禾黍油油彼狡僮兮不與我好兮所謂狡僮者紂也殷民聞之皆爲流涕（杜預曰梁國蒙縣有箕子冢）武王崩成王少周公旦代行政當國管蔡疑之乃與武庚作亂欲襲成王周公（徐廣曰一云欲襲成周）

周公既承成王命誅武庚殺管叔放蔡叔乃命微子開代殷後奉其先祀作微子之命以申之國于宋世本曰宋更曰睢陽微子故能仁賢乃代武庚故殷之餘民甚戴愛之微子開卒立其弟衍是爲微仲禮記曰微子舍其孫腯而立衍也鄭玄曰微子適子死立其弟衍殷禮也微仲卒子宋公稽立宋公稽卒子丁公申立丁公申卒子湣公共立湣公共卒弟煬公熙立煬公即位湣公子鮒祀徐廣曰鮒一作魴弒煬公而自立曰我當立是爲厲

公厲公卒子釐公舉立釐公十七年周厲王出奔彘二十八年釐公卒子惠公覸立呂忱曰覸音古莧反惠公四年周宣王即位三十年惠公卒子哀公立哀公元年卒子戴公立戴公二十九年周幽王爲犬戎所殺秦始列爲諸侯三十四年戴公卒子武公司空立武公生女爲魯惠公夫人生魯桓公十八年武公卒子宣公力立宣公有太子與夷十九年宣公病讓其弟和曰父死子繼兄

死弟及天下通義也我其立和和亦三讓而受之宣公卒弟和立是爲穆公穆公九年病召大司馬孔父謂曰先君宣公舍太子與夷而立我我不敢忘我死必立與夷也孔父曰羣臣皆願立公子馮穆公曰毋立馮吾不可以負宣公於是穆公使馮出居于鄭八月庚辰穆公卒兄宣公子與夷立是爲殤公君子聞之曰宋宣公可謂知人矣立其弟以成義然卒其子復享之殤

公元年衞公子州吁弑其君完自立欲得諸侯使告於宋曰馮在鄭必爲亂可與我伐之宋許之與伐鄭至東門而還二年鄭伐宋以報東門之役其後諸侯數來侵伐九年大司馬孔父嘉妻好出道遇太宰華督服虔曰督戴公之孫督說目而觀之服虔曰目者極視精不轉也督利孔父妻乃使人宣言國中曰殤公即位十年耳而十一戰賈逵曰一戰伐鄭圍其東門二戰取其禾三戰取郜田四戰郕鄭伐宋入其郛五戰伐鄭圍長葛六戰鄭以王命伐宋七戰魯敗宋師于菅八戰宋衞入鄭九戰伐戴

（十戰鄭入宋十一戰鄭伯以虢師大敗宋）民苦不堪皆孔父爲之我且殺孔父以寧民是歲魯弑其君隱公十年華督攻殺孔父取其妻殤公怒遂弑殤公而迎穆公子馮於鄭而立之是爲莊公莊公元年華督爲相九年執鄭之祭仲要以立突爲鄭君祭仲許諾立突十九年莊公卒子湣公捷立湣公七年齊桓公即位九年宋水魯使臧文仲往弔水（賈逵曰問凶曰弔）湣公自罪曰寡人以不能事鬼神政不脩故水

臧文仲善此言此言乃公子子魚教湣公也十年夏宋伐魯戰於乘丘徐廣曰乘一作媵騆案杜預曰乘丘魯地魯生虜宋南宮萬賈逵曰南宮氏萬名宋卿宋人請萬萬歸宋十一年秋湣公與南宮萬獵因博爭行湣公怒辱之曰始吾敬若今若魯虜也萬有力病此言遂以局殺湣公于蒙澤賈逵曰蒙澤宋澤名也杜預曰宋地梁國有蒙縣大夫仇牧聞之以兵造公門萬搏牧牧齒著門闔死何休曰闔門扇因殺太宰華督乃更立公子游爲君諸公子犇蕭

公子御說犇亳服虔曰亳宋邑也杜預曰今沛國有蕭縣蒙縣西北有亳城也萬弟南宮牛將兵圍亳冬蕭及宋之諸公子共擊殺南宮牛弑宋新君游而立湣公弟御說是爲桓公宋萬犇陳宋人請以賂陳陳人使婦人飲之淳酒服虔曰宋萬多力勇不可執故先使婦人誘而飲之酒醉而縛之以革裹之歸宋左傳曰以犀革裹之宋人醢萬也服虔曰醢肉醬桓公二年諸侯伐宋至郊而去三年齊桓公始霸二十三年迎衛公子燬於齊立之是爲衛文公文公女弟爲桓公

夫人秦穆公即位三十年桓公病太子茲甫讓其庶兄目夷爲嗣桓公義太子意竟不聽三十一年春桓公卒太子茲甫立是爲襄公以其庶兄目夷爲相未葬而齊桓公會諸侯于葵丘襄公往會襄公七年宋地實星如雨與雨偕下左傳曰隕石于宋五隕星也六鶂退蜚公羊傳曰視之則六察之則鶂徐察之則退飛風疾也賈逵曰風起於遠至宋都高而疾故鶂逢風却退八年齊桓公卒宋欲爲盟會十二年春宋襄公爲鹿上之盟杜預曰鹿上宋地汝陰有原鹿縣以求諸

侯於楚楚人許之公子目夷諫曰小國爭
盟禍也不聽秋諸侯會宋公盟于盂杜預曰盂宋地
目夷曰禍其在此乎君欲已甚何以堪之
於是楚執宋襄公以伐宋冬會于亳以釋
宋公子魚曰禍猶未也十三年夏宋伐鄭
子魚曰禍在此矣秋楚伐宋以救鄭襄公
將戰子魚諫曰天之棄商久矣不可冬十
一月襄公與楚成王戰于泓穀梁傳曰戰于泓水之上楚人
未濟目夷曰彼衆我寡及其未濟擊之公

不聽已濟未陳又曰可擊公曰待其已陳陳成宋人擊之宋師大敗襄公傷股國人皆怨公公曰君子不困人於阨不鼓不成列何休曰軍法以鼓戰以金止不鼓不戰也不成列未成陳子魚曰兵以勝爲功何常言與徐廣曰一云尚何言與必如公言即奴事之耳又何戰爲楚成王已救鄭鄭享之去而取鄭二姬以歸叔瞻曰成王無禮其不没乎爲禮卒於無别有以知其不遂霸也是年晉公子重耳過宋襄公以傷於楚欲得

晉擭厚禮重耳以馬二十乘服虔曰八十四十四年夏襄公病傷於泓而竟卒子成公王臣立成公元年晉文公即位三年倍楚盟親晉以有德於文公也四年楚成王伐宋宋告急於晉五年晉文公救宋楚兵去九年晉文公卒十一年楚太子商臣弒其父成王代立十六年秦穆公卒十七年成公卒成公弟禦殺太子及大司馬公孫固而自立爲君宋人共殺君禦而立成公少子杵臼

是爲昭公昭公四年宋敗長翟緣斯於長丘（魯世家云宋武公之世獲緣斯於長丘今云此時未詳）七年楚莊王即位九年昭公無道國人不附昭公弟鮑革（徐廣曰一無革字）賢而下士先襄公夫人欲通於公子鮑不可（服虔曰襄公夫人周襄王之姊王姬也不可鮑不肯也）乃助之施於國因大夫華元爲右師昭公出獵夫人王姬使衞伯攻殺昭公杵臼弟鮑革立是爲文公文公元年晉率諸侯伐宋責以弒君聞文公定立乃去二年昭公子因文公母

弟須與武繆戴莊桓之族爲亂文公盡誅
之出武繆之族賈逵曰出逐也四年春鄭命楚伐宋
宋使華元將鄭敗宋囚華元華元之將戰
殺羊以食士其御羊羹不及左傳曰御羊斟也故怨
馳入鄭軍故宋師敗得囚華元宋以兵車
百乘文馬四百疋賈逵曰文貍文也王肅曰文馬畫馬也贖華元未
盡入華元亡歸宋十四年楚莊王圍鄭鄭
伯降楚楚復釋之十六年楚使過宋宋有
前仇執楚使九月楚莊王圍宋十七年楚

以圍宋五月不解宋城中急無食華元乃
夜私見楚將子反子反告莊王王問城中
何如曰析骨而炊何休曰析破人骨也易子而食莊王
曰誠哉言我軍亦有三日糧以信故遂罷
兵去二十二年文公卒子共公瑕立始厚
葬君子譏華元不臣矣共公九年華元善
楚將子重又善晉將欒書兩盟晉楚十三
年共公卒華元爲右師魚石爲左師司馬
唐山攻殺太子肥欲殺華元華元犇晉魚

石止之至河乃還皇覽曰華元冢在陳留小黃縣城北誅唐山乃立共公少子成是爲平公左傳曰魚石犇楚平公三年楚共王伐宋之彭城以封宋左師魚石四年諸侯共誅魚石而歸彭城於宋三十五年楚公子圍弒其君自立爲靈王四十四年平公卒子元公佐立元公三年楚公子棄疾弒靈王自立爲平王八年宋火十年元公毋信詐殺諸公子大夫華向氏作亂楚平王太子建來犇見諸華氏相攻亂

建去如鄭十五年元公爲魯昭公避季氏居外爲之求入魯行道卒子景公頭曼立景公十六年魯陽虎來犇已復去二十五年孔子過宋宋司馬桓魋惡之欲殺孔子孔子微服去三十年曹倍宋又倍晉宋伐曹晉不救遂滅曹有之三十六年齊田常弑簡公三十七年楚惠王滅陳熒惑守心心宋之分野也景公憂之司星子韋曰可移於相景公曰相吾之股肱曰可移於民

景公曰君者待民曰可移於歲景公曰歲
飢民困吾誰爲君子韋曰天高聽卑君有
君人之言三熒惑宜有動於是候之果從
三度六十四年景公卒宋公子特攻殺太
子而自立是爲昭公昭公者元公之曾庶
孫也昭公父公孫糾糾父公子褍秦徐廣曰褍音端
褍秦即元公少子也景公殺昭公父糾故
昭公怨殺太子而自立昭公四十七年卒
子悼公購由立年表云四十九年悼公八年卒子休

公田立休公田三十三年卒子辟公辟兵立徐廣曰一云辟公兵辟公三年卒子剔成立年表云剔成君也剔成四十一年剔成弟偃攻襲剔成剔成敗奔齊偃自立爲宋君君偃十一年自立爲王東敗齊取五城南敗楚取地三百里西敗魏軍乃與齊魏爲敵國盛血以韋囊縣而射之命曰射天淫於酒婦人羣臣諫者輒射之於是諸侯皆曰桀宋宋其復爲紂所爲不可不誅告齊伐宋王偃立四十七年齊

湣王與魏楚伐宋殺王偃遂滅宋而三分其地年表云偃立四十三年太史公曰孔子稱微子去之箕子爲之奴比干諫而死殷有三仁焉何晏曰仁者愛人三人行異而同稱仁者何也以其俱在憂亂寧民也夏侯玄曰微子仕之窮也箕子比干志之窮也故或盡材而止或盡心而留皆其極也致極斯君子之事矣是以三仁不同而歸其一揆也春秋譏宋之亂自宣公廢太子而立弟公羊傳曰君子大居正宋之禍宣公爲之也國以不寧者十世襄公之時修仁行義欲爲盟主其大夫正考父美之故追道契湯

高宗殷所以興作商頌韓詩商頌章句亦美襄公襄公既敗於泓而君子或以爲多公羊傳曰君子大其不鼓不成列臨大事而不忘大禮有君而無臣以爲雖文王之戰亦不過此也傷中國闕禮義襃之也宋襄之有禮讓也

宋世家卷第八

晉世家第九　　史記三十九

唐叔虞者周武王子而成王弟初武王與叔虞母會時左傳曰邑姜方娠太叔服虔曰邑姜武王后齊太公女夢天謂武王曰余命女生子名虞余與之唐及生子文在其手曰虞故遂因命之曰虞武王崩成王立唐有亂周公誅滅唐成王與叔虞戲削桐葉爲珪以與叔虞曰以此封若史佚因請擇日立叔虞成王曰吾與之戲耳史佚曰天子無戲言言則史書之

成之樂歌之於是遂封叔虞於唐唐在
汾之東方百里故曰唐叔虞世本曰居鄂宋忠曰鄂地今在大夏
姓姬氏字子于唐叔子爕是爲晉侯晉侯
子寧族是爲武侯武侯之子服人是爲成
侯成侯子福是爲厲侯厲侯子宜臼是爲
靖侯靖侯已來年紀可推自唐叔至靖侯
五世無其年數靖侯十七年周厲王迷惑
暴虐國人作亂厲王出奔于彘大臣行政
故曰共和十八年靖侯卒子釐侯司徒立

釐侯十四年周宣王初立十八年釐侯卒子獻侯籍立獻侯十一年卒子穆侯費王立穆侯四年取齊女姜氏爲夫人七年伐條生太子仇 杜預曰條晉地 十年伐千畝有功 杜預曰西河界休縣南有地名千畝 生少子名曰成師 杜預曰意取能成其衆也 晉人師服曰 賈逵曰晉大夫 異哉君之命子也太子曰仇仇者讎也少子曰成師成師大號成之者也名自命也物自定也今適庶名反逆此後晉其能毋亂乎二十七年穆侯卒弟

叔自立太子仇出奔殤叔三年周宣王
四年穆侯太子仇率其徒襲殤叔而立是
爲文侯文侯十年周幽王無道犬戎殺幽
王周東徙而秦襄公始列爲諸侯三十五
年文侯仇卒子昭侯伯立昭侯元年封文
侯弟成師于曲沃曲沃邑大於翼翼晉君
都邑也成師封曲沃號爲桓叔靖侯庶孫
欒賓相桓叔桓叔是時年五十八矣好德
晉國之衆皆附焉君子曰晉之亂其在曲

沃矣末大於本而得民心不亂何待七年
晉大臣潘父弒其君昭侯而迎曲沃桓叔
桓叔欲入晉晉人發兵攻桓叔桓叔敗還
歸曲沃晉人共立昭侯子平爲君是爲孝
侯誅潘父孝侯八年曲沃桓叔卒子鱓代
桓叔是爲曲沃莊伯孝侯十五年曲沃莊
伯弒其君晉孝侯于翼晉人攻曲沃莊伯
莊伯復入曲沃晉人復立孝侯子郄爲君
是爲鄂侯鄂侯二年魯隱公初立鄂侯

年卒曲沃莊伯聞晉鄂侯卒乃興兵伐周平王使虢公將兵伐曲沃莊伯莊伯走保曲沃晉人共立鄂侯子光是爲哀侯哀侯二年曲沃莊伯卒子稱代莊伯立是爲曲沃武公哀侯六年魯弒其君隱公哀侯八年晉侵陘廷（賈逵曰翼南鄙邑名）陘廷與曲沃武公謀九年伐晉于汾旁虜哀侯晉人乃立哀侯子小子爲君是爲小子侯（禮記曰天子未除喪曰余小子生名之死亦名之鄭玄曰晉有小子侯是取之天子）小子元年曲沃武公使韓

萬殺所虜晉哀侯賈逵曰韓萬曲沃桓叔之子莊伯弟曲沃益彊晉無如之何晉小子之四年曲沃武公誘召晉小子殺之周桓王使虢仲伐曲沃武公武公入于曲沃乃立晉哀侯弟緡爲晉侯晉侯緡四年宋執鄭祭仲而立突爲鄭君晉侯十九年齊人管至父弑其君襄公晉侯二十八年齊桓公始霸曲沃武公伐晉侯緡滅之盡以其寶器賂獻于周釐王釐王命曲沃武公爲晉君列爲諸侯於

盡併晉地而有之曲沃武公已即位一
七年矣更號曰晉武公晉武公始都晉國
前即位曲沃通年三十八年武公稱者先
晉穆侯曾孫也曲沃桓叔孫也桓叔者始
封曲沃武公莊伯子也自桓叔初封曲沃
以至武公滅晉也凡六十七歲而卒代晉
爲諸侯武公代晉二歲卒與曲沃通年即
位凡三十九年而卒子獻公詭諸立獻公
元年周惠王弟穨攻惠王惠王出奔居鄭

之櫟邑五年伐驪戎得驪姬（韋昭曰西戎之別在驪山也）驪姬弟俱愛幸之八年士蔿說公（賈逵曰士蔿晉大夫）曰故晉之羣公子多不誅亂且起乃使盡殺諸公子而城聚都之（賈逵曰聚晉邑）命曰絳始都絳九年晉羣公子旣亡奔虢虢以其故再伐晉弗克十年晉欲伐虢士蔿曰且待其亂十二年驪姬生奚齊獻公有意廢太子乃曰曲沃吾先祖宗廟所在而蒲邊秦屈邊翟（韋昭曰蒲今蒲坂屈北屈皆在河東杜預曰蒲今平陽蒲子縣是）不使諸子

居之我懼焉於是使太子申生居曲沃公子重耳居蒲公子夷吾居屈獻公與驪姬子奚齊居絳晉國以此知太子不立也太子申生其母齊桓公女也曰齊姜早死申生同母女弟爲秦穆公夫人重耳母翟之狐氏女也夷吾母重耳母女弟也獻公子八人而太子申生重耳夷吾皆有賢行及得驪姬乃遠此三子十六年晉獻公作二軍左傳曰王使虢公命曲沃伯以一軍爲晉侯今始爲二軍公將上軍太子申

生將下軍趙夙御戎畢萬爲右伐滅霍滅魏滅耿服虔曰三國皆姬姓魏在晉之蒲坂河東也杜預曰平陽皮氏縣東南有耿鄉永安縣東北有霍太山也還爲太子城曲沃賜趙夙耿賜畢萬魏以爲大夫士蔿曰太子不得立矣分之都城服虔曰邑有先君之主曰都而位以卿賈逵曰謂將下軍先爲之極服虔曰言其祿位極盡於此又安得立不如逃之無使罪至爲吳太伯不亦可乎王肅曰太伯知天命在王季奔吳不反猶有令名王肅曰雖去猶可有令名何與其坐而及禍也太子不從卜偃曰畢萬之後必大賈逵曰卜偃晉掌卜大夫郭偃萬盈數也魏大名

也服虔曰數從一至萬爲滿魏喻巍巍高大也以是始賞天開之矣服虔

曰以魏賞畢萬是爲天開其福天子曰兆民諸侯曰萬民今命

之大以從盈數其必有衆杜預曰以魏從萬有衆多之象初畢

萬卜仕於晉國遇屯之比賈逵曰震下坎上屯坤下坎上比屯初九

變之比辛廖占之曰吉賈逵曰辛廖晉大夫屯固比入吉孰

大焉杜預曰屯險難也所以爲堅固比親密所以得入其後必蕃昌十七

年晉侯使太子申生伐東山賈逵曰東山赤狄別種里克

諫獻公賈逵曰里克晉卿里季也曰太子奉冢祀社稷之粢

盛以朝夕視君膳者也服虔曰廚膳飲食故曰冢子

君行則守有守則從（服虔曰有代太子守則從之）從曰撫軍（服虔曰助君撫循軍士）守曰監國古之制也夫率師專行謀也（杜預曰率師者必專謀軍事）誓軍旅（杜預曰宣號令）君與國政之所圖也（賈逵曰國政正卿也）非太子之事也師在制命而已（杜預曰命將軍所制）稟命則不威專命則不孝故君之嗣適不可以帥師君失其官（杜預曰太子統師是失其官）率師不威將安用之（杜預曰專命則不孝是為師必不威也）公曰寡人有子未知其太子誰立里克不對而退見太子太子曰吾其廢乎里克曰太子勉之教以軍

旅賈逵曰將下軍不共是懼何故廢乎且子懼不孝毋懼不得立服虔曰不得立已脩己而不責人則免於難太子帥師公衣之偏衣服虔曰偏裻之衣偏異色駮不純裻在中左右異故曰偏衣杜預曰偏衣左右異色其半似公服韋昭曰偏半也分身之半以授太子佩之金玦服虔曰以金為玦也韋昭曰金玦兵要也里克謝病不從太子太子遂伐東山十九年獻公曰始吾先君莊伯武公之誅晉亂而虢常助晉伐我又匿晉亡公子果為亂弗誅後遺子孫憂乃使荀息以屈產之乘何休曰屈產出名馬之地乘備駟也假道於虞虞假道遂

伐虢賈逵曰虞在晉南虢在虞南取其下陽以歸服虔曰下夏陽虢邑在太陽東北三十里穀梁傳曰下陽虞虢之塞邑獻公私謂驪姬曰吾欲廢太子以奚齊代之驪姬泣曰太子之立諸侯皆已知之而數將兵百姓附之柰何以賤妾之故廢適立庶君必行之妾自殺也驪姬詳譽太子而陰令人譖惡太子而欲立其子二十一年驪姬謂太子曰君夢見齊姜太子速祭曲沃服虔曰齊姜廟所在歸釐於君太子於是祭其母齊姜於曲沃上其薦胙

於獻公獻公時出獵置胙於宮中驪姬使人置毒藥胙中居二日獻公從獵來還宰人上胙獻公獻公欲饗之驪姬從旁止之曰胙所從來遠宜試之祭地地墳（韋昭曰將飲先祭示有先也墳起也）與犬犬死與小臣小臣死（韋昭曰小臣官名掌陰事今閹士也）驪姬泣曰太子何忍也其父而欲弒代之況他人乎且君老矣旦暮之人曾不能待而欲弒之謂獻公曰太子所以然者不過以妾及奚齊之故妾願子母辟之他國

若早自殺毋徒使毋子爲太子所魚肉也始君欲廢之妾猶恨之至於今妾殊自失於此太子聞之奔新城韋昭曰新城曲沃也新爲太子城獻公怒乃誅其傅杜原款或謂太子曰爲此藥者乃驪姬也太子何不自辭明之太子曰吾君老矣非驪姬寢不安食不甘即辭之君且怒之不可或謂太子曰可奔他國太子曰被此惡名以出人誰內我我自殺耳十二月戊申申生自殺於新城此時重耳夷

吾來朝人或告驪姬曰二公子怨驪姬譖殺太子驪姬恐因譖二公子申生之藥胙二公子知之二子聞之恐重耳走蒲夷吾走屈保其城自備守初獻公使士蔿爲二公子築蒲屈城弗就夷吾以告公公怒士蔿士蔿謝曰邊城少寇安用之退而歌曰狐裘蒙茸一國三公吾誰適從（服虔曰蒙茸以言亂貌三公言君與二公子將敵故不知所從）卒就城及申生死二子亦歸保其城二十二年獻公怒二子不辭而去果

有諜矣乃使兵伐蒲蒲人之宦者勃鞮命重耳促自殺重耳踰垣宦者追斬其衣袪服虔曰袪袂也重耳遂奔翟使人伐屈屈城守不可下是歲也晉復假道於虞以伐虢虞之大夫宮之奇諫虞君曰晉不可假道也是且滅虞虞君曰晉我同姓不宜伐我宮之奇曰太伯虞仲太王之子也太伯亡去是以不嗣虢仲虢叔王季之子也爲文王卿士其記勳在王室藏於盟府杜預曰盟府司盟之官也將虢

是滅何愛于虞且虞之親能親於桓莊之族乎桓莊之族何罪盡滅之虞之與虢脣之與齒脣亡則齒寒虞公不聽遂許晉宮之奇以其族去虞其冬晉滅虢虢公醜奔周皇覽曰虢公冢在河內溫縣郭東濟水南大冢是也其城南有虢公臺還襲滅虞虜虞公及其大夫井伯百里奚以媵秦穆姬杜預曰穆姬獻公女送女曰媵以屈辱之而修虞祀服虔曰虞所祭祀命祀也荀息牽曩所遺虞屈產之乘馬奉之獻公獻公笑曰馬則吾馬齒亦老矣公羊傳曰蓋戲之也何休曰以馬齒戲諭

（荀息之年老也）二十二年獻公遂發賈華等伐屈（賈逵
曰賈華晉右行大夫）屈潰夷吾將奔翟冀芮曰不可（韋昭
曰冀芮晉大夫）重耳已在矣今往晉必移兵伐翟翟
畏晉禍且及不如走梁梁近於秦秦彊吾君
百歲後可以求入焉遂奔梁二十五年晉伐
翟翟以重耳故亦擊晉於齧桑（左傳作采桑服虔曰翟地）晉
兵解而去當此時晉彊西有河西與秦接境
北邊翟東至河內驪姬弟生悼子二十六年
夏齊桓公大會諸侯於葵丘晉獻公病行後

未至逢周之宰孔宰孔曰齊桓公益驕不務德而務遠略諸侯弗平君第毋會毋如晉何獻公亦病復還歸病甚乃謂荀息曰吾以奚齊爲後年少諸大臣不服恐亂起子能立之乎荀息曰能獻公曰何以爲驗對曰使死者復生生者不慚爲之驗於是遂屬奚齊於荀息荀息爲相主國政秋九月獻公卒里克邳鄭欲內重耳以三公子之徒作亂賈逵曰邳鄭晉大夫三公子申生重耳夷吾謂荀息曰三怨將起秦晉輔之

子將何如荀息曰吾不可負先君言十月里克殺奚齊于喪次獻公未葬也荀息將死之或曰不如立奚齊弟悼子而傅之荀息立悼子而葬獻公十一月里克殺悼子于朝（列女傳曰鞭殺驪姬於市）荀息死之君子曰詩所謂白珪之玷猶可磨也斯言之玷不可爲也（杜預曰詩大雅言此言之缺難治甚於白珪）其荀息之謂乎不負其言

初獻公將伐驪戎卜曰齒牙爲禍（韋昭曰齒牙謂兆端左右釁坼有似齒牙中有縱畫以象讒言爲害也）及破驪戎獲驪姬愛之

竟以亂晉里克等已殺奚齊悼子使人迎
公子重耳於翟欲立之重耳謝曰負父之
命出奔父死不得脩人子之禮侍喪重耳
何敢入大夫其更立他子還報里克里克
使迎夷吾於梁夷吾欲往呂省郤芮曰內
猶有公子可立者而外求難信計非之秦
輔彊國之威以入恐危乃使郤芮厚賂秦
約曰即得入請以晉河西之地與秦乃遺
里克書曰誠得立請遂封子於汾陽之邑

賈逵曰汾水名汾陽晉地也秦繆公乃發兵送夷吾於晉齊桓公聞晉內亂亦率諸侯如晉秦兵與夷吾亦至晉齊乃使隰朋會秦俱入夷吾立爲晉君是爲惠公齊桓公至晉之高梁而還歸惠公夷吾元年使邳鄭謝秦曰始夷吾以河西地許君今幸得入立大臣曰地者先君之地君亡在外何以得擅許秦者寡人爭之弗能得故謝秦亦不與里克汾陽邑而奪之權四月周襄王使周公忌

父賈逵曰周卿士會齊秦大夫共禮晉惠公惠公以重耳在外畏里克爲變賜里克死謂曰微里子寡人不得立雖然子亦殺二君一大夫服虔曰奚齊悼子荀息也爲子君者不亦難乎里克對曰不有所廢君何以興欲誅之其無辭乎乃言爲此臣聞命矣遂伏劍而死於是丕鄭使謝秦未還故不及難晉君改葬恭太子申生韋昭曰獻公時申生葬不如禮故改葬之秋狐突之下國服虔曰晉所滅國以爲下邑一曰曲沃有宗廟故謂之國在絳下故曰下國也遇申生申生與

載而告之杜預曰忽如夢而相見狐突本爲申生御故復使登車曰夷吾無禮余得請於帝服虔曰帝天帝請罰有罪將以晉與秦秦將祀余狐突對曰臣聞神不食非其宗君祀毋乃絶乎君其圖之申生曰諾吾將復請帝後十日左傳曰七日新城西偏將有巫者見我焉杜預曰將因巫以見許之遂不見杜預曰狐突許其言申生之象亦沒及期而往復見申生告之曰帝許罰有罪矣弊於韓賈逵曰弊敗也韓晉韓原兒乃謡曰恭太子更葬矣後十四年晉亦不昌昌乃在兄丕鄭使秦

聞里克誅乃說秦繆公曰呂省郤稱冀芮實爲不從杜預曰三子晉大夫不從不與秦賂也若重賂與謀出晉君入重耳事必就秦繆公許之使人與歸報晉厚賂三子三子曰幣厚言甘此必丕鄭賣我於秦遂殺丕鄭及里克丕鄭之黨七輿大夫韋昭曰七輿申生下軍之衆大夫也杜預曰矦伯七命副車七乘丕鄭子豹奔秦言伐晉繆公弗聽惠公之立倍秦地及里克誅七輿大夫國人不附二年周使召公過韋昭曰召武公爲王卿士禮晉惠公惠公禮

倨召公譏之四年晉饑乞糴於秦繆公問百里奚（服虔曰秦大夫）百里奚曰天菑流行國家代有救菑恤鄰國之道也與之邳鄭子豹曰伐之繆公曰其君是惡其民何罪卒與粟自雍屬絳五年秦饑請糴於晉晉君謀之慶鄭曰（杜預曰慶鄭晉大夫）以秦得立已而倍其地約晉饑而秦貸我今秦饑請糴與之何疑而謀之虢射曰（服虔曰虢射惠公舅）往年天以晉賜秦秦弗知取而貸我今天以秦賜晉晉其可以

逆天乎遂伐之惠公用虢射謀不與秦粟而發兵且伐秦秦大怒亦發兵伐晉六年春秦繆公將兵伐晉晉惠公謂慶鄭曰秦師深矣韋昭曰深入境一曰深猶重柰何鄭曰秦内君君倍其賂晉饑秦輸粟秦饑而晉倍之乃欲因其饑伐之其深不亦宜乎晉卜御右慶鄭皆吉公曰鄭不孫服虔曰孫順乃更令步陽御戎家僕徒爲右服虔曰二子晉大夫也進兵九月壬戌秦繆公晉惠公合戰韓原惠公馬鷙不行秦

兵至公寤召慶鄭爲御鄭曰不用卜敗不亦當乎遂去更令梁繇靡御虢射爲右輅秦繆公服虔曰輅迎也繆公壯士冒敗晉軍晉軍敗遂失秦繆公反獲晉公以歸秦將以祀上帝晉君姊爲繆公夫人衰絰涕泣公曰得晉侯將以爲樂今乃如此且吾聞箕子見唐叔之初封曰其後必當大矣晉庸可滅乎乃與晉侯盟王城杜預曰馮翊臨晉縣東有王城而許之歸晉侯亦使呂省等報國人曰孤雖得歸毋面目

見社稷卜日立子圉晉人聞之皆哭秦繆公問呂省晉國和乎對曰不和小人懼失君亡親不憚立子圉曰必報讎寧事戎狄其君子則愛君而知罪以待秦命曰必報德有此二故不和於是秦繆公更舍晉惠公餽之七牢十一月歸晉侯晉侯至國誅慶鄭修政教謀曰重耳在外諸侯多利內之欲使人殺重耳於狄重耳聞之如齊八年使太子圉質秦初惠公亡在梁梁伯以

其女妻之生一男一女梁伯卜之男爲人臣女爲人妾故名男爲圉女爲妾服虔曰圉人掌養馬臣之賤者不聘曰妾十年秦滅梁梁伯好土功治城溝賈逵曰溝壍也民力罷怨其衆數相驚曰秦寇至民恐惑秦竟滅之十三年晉惠公病內有數子太子圉曰吾母家在梁梁今秦滅之我外輕於秦而內無援於國君即不起病大夫輕更立他公子乃謀與其妻俱亡歸秦女曰子一國太子辱在此秦使婢子侍服虔

曰曲禮曰世婦以下自稱婢子婢子婦人之卑稱以固子之心子亡矣我
不從子亦不敢言子圉遂亡歸晉十四年
九月惠公卒太子圉立是爲懷公子圉之
亡秦怨之乃求公子重耳欲内之子圉之
立畏秦之伐也乃令國中諸從重耳亡者
與期期盡不到者盡滅其家狐突之子毛
及偃從重耳在秦弗肯召懷公怒囚狐突
突曰臣子事重耳有年數矣今召之是教
之反君也何以教之懷公卒殺狐突秦繆

公乃發兵送內重耳使人告欒郤之黨爲
內應殺懷、公於高梁入重耳重耳立是爲
文、公晉文、公重耳晉獻、公之子也自少好
士年十七有賢士五人曰趙衰狐偃咎犯
文、公舅也賈佗先軫魏武子自獻、公爲太
子時重耳固已成人矣獻公即位重耳年
二十一獻、公十三年以驪姬故重耳備蒲
城守秦獻公二十一年獻、公殺太子申生
驪姬讒之恐不辭獻、公而守蒲城獻、公二

十二年獻公使宦者履鞮趣殺重耳重耳踰垣宦者逐斬其衣袪重耳遂奔狄狄其母國也是時重耳年四十三從此五士其餘不名者數十人至狄狄伐咎如（賈逵曰赤狄之別隗姓）得二女以長女妻重耳生伯儵叔劉以少女妻趙衰生盾居狄五歲而晉獻公卒里克已殺奚齊悼子乃使人迎欲立重耳重耳畏殺因固謝不敢入已而晉更迎其弟夷吾立之是為惠公惠公七年畏重耳乃

使宦者履鞮與壯士欲殺重耳重耳聞之乃謀趙衰等曰始吾奔狄非以為可用與以近易通故且休足休足久矣固願徙之大國夫齊桓公好善志在霸王收恤諸侯今聞管仲隰朋死此亦欲得賢佐盍往乎於是遂行重耳謂其妻曰待我二十五年不來乃嫁其妻笑曰犂二十五年吾冢上柏大矣雖然妾待子重耳居狄凡十二年而去過衛衛文公不禮去過五鹿賈逵曰衛地杜預曰

今衛縣西北有地名五鹿平陽元城縣東亦有五鹿飢而從野人乞食野人盛土器中進之重耳怒趙衰曰土者有土也君其拜受之至齊齊桓公厚禮而以宗女妻之有馬二十乘重耳安之重耳至齊二歲而桓公卒會豎刀等為內亂齊孝公之立諸侯兵數至留齊凡五歲重耳愛齊女毋去心趙衰咎犯乃於桑下謀行齊女侍者在桑上聞之以告其主其主乃殺侍者服虔曰懼孝公怒故殺之以滅口勸重耳趣行重耳曰人生安樂

孰知其他必死於此徐廣曰一云人生一世必死於此不能去齊女曰子一國公子窮而來此數士者以子爲命子不疾反國報勞臣而懷女德竊爲子羞之且不求何時得功乃與趙衰等謀醉重耳載以行行遠而覺重耳大怒引戈欲殺咎犯咎犯曰殺臣成子偃之願也重耳曰事不成我食舅氏之肉咎犯曰事不成犯肉腥臊何足食乃止遂行過曹曹共公不禮欲觀重耳駢脅曹大夫釐負羈

曰晉公子賢又同姓窮來過我柰何不禮
共公不從其謀負羈乃私遺重耳食置璧
其下重耳受其食還其璧去過宋宋襄公
新困兵於楚傷於泓聞重耳賢乃以國禮
禮於重耳宋司馬公孫固善於咎犯曰宋
小國新困不足以求入更之大國乃去過
鄭鄭文公弗禮鄭叔瞻諫其君曰晉公子
賢而其從者皆國相且又同姓鄭之出自
厲王而晉之出自武王鄭君曰諸侯亡公

子過此者衆安可盡禮叔瞻曰君不禮不如殺之且後爲國患鄭君不聽重耳去之楚楚成王以適諸侯禮待之重耳謝不敢當趙衰曰子亡在外十餘年小國輕子況大國乎今楚大國而固遇子子其毋讓此天開子也遂以客禮見之成王厚遇重耳重耳甚卑成王曰子即反國何以報寡人重耳曰羽毛齒角玉帛君王所餘未知所以報王曰雖然何以報不穀重耳曰即不

得已與君王以兵車會平原廣澤請辟王三舍賈逵曰司馬法從遯不過三舍三舍九十里也楚將子玉怒曰王遇晉公子至厚今重耳言不孫請殺之成王曰晉公子賢而困於外久從者皆國器此天所置庸可殺乎且言何以易之居楚數月而晉太子圉亡秦秦怨之聞重耳在楚乃召之成王曰楚遠更數國乃至晉秦晉接境秦君賢子其勉行厚送重耳重耳至秦繆公以宗女五人妻重耳故子圉妻與

往重耳不欲受司空季子服虔曰胥臣臼季也曰其國且伐況其故妻乎且受以結秦親而求入子乃拘小禮忘大醜乎遂受繆公大歡與重耳飲趙衰歌黍苗詩韋昭曰詩云芃芃黍苗陰雨膏之繆公曰知子欲急反國矣趙衰與重耳下再拜曰孤臣之仰君如百穀之望時雨是時晉惠公十四年秋惠公以九月卒子圉立十一月葬惠公十二月晉國大夫欒郤等聞重耳在秦皆陰來勸重耳趙衰等反國爲

內應甚衆於是秦繆公乃發兵與重耳歸晉晉聞秦兵來亦發兵拒之然皆陰知公子重耳入也唯惠公之故貴臣呂郤之屬不欲立重耳重耳出亡凡十九歲而得入時年六十二矣晉人多附焉文公元年春秦送重耳至河咎犯曰臣從君周旋天下過亦多矣臣猶知之況於君乎請從此去矣重耳曰若反國所不與子犯共者河伯視之乃投璧河中以與子犯盟是時介子

推從在船中乃笑曰天實開公子而子犯
以爲己功而要市於君固足羞也吾不忍
與同位乃自隱渡河秦兵圍令狐晉軍于
廬柳韋昭曰廬柳晉地也二月辛丑咎犯與秦晉大夫
盟於郇杜預曰解縣西北有郇城壬寅重耳入于晉師丙
午入于曲沃丁未朝于武宮賈逵曰文公之祖武公廟也即
位爲晉君是爲文公羣臣皆往懷公圉奔
高梁戊申使人殺懷公懷公故大臣呂省
郤芮本不附文公文公立恐誅乃欲與其

徒謀燒公宮殺文公文公不知始嘗欲殺
文公宦者履鞮知其謀欲以告文公解前
罪求見文公文公不見使人讓曰蒲城之
事女斬予袪其後我從狄君獵女爲惠公
來求殺我惠公與女期三日至而女一日
至何速也女其念之宦者曰臣刀鋸之餘
不敢以二心事君倍主故得罪於君君已
反國其毋蒲翟乎且管仲射鉤桓公以霸
今刑餘之人以事告而君不見禍又且及

矣於是見之遂以呂郤等告文公文公欲
召呂郤呂郤等黨多文公恐初入國國人
賣己乃爲微行會秦繆公於王城國人莫
知三月己丑呂郤等果反焚公宮不得文
公文公之衛徒與戰呂郤等引兵欲奔秦
繆公誘呂郤等殺之河上晉國復而文公
得歸夏迎夫人於秦秦所與文公妻者卒
爲夫人秦送三千人爲衛以備晉亂文公
修政施惠百姓賞從亡者及功臣大者封

邑小者尊爵未盡行賞周襄王以弟帶難出居鄭地來告急晉晉初定欲發兵恐他亂起是以賞從亡未至隱者介子推推亦不言祿祿亦不及推曰獻公子九人唯君在矣惠懷無親外內弃之天未絕晉必將有主主晉祀者非君而誰天實開之二三子以爲己力不亦誣乎竊人之財猶曰是盜況貪天之功以爲己力乎下冒其罪上賞其姦上下相蒙服虔曰蒙欺也難與處矣其母曰

盡亦求之以死誰懟推曰尤而效之罪有甚焉且出怨言不食其祿母曰亦使知之若何對曰言身之文也身欲隱安用文之文之是求顯也其母曰能如此乎與女偕隱至死不復見介子推從者憐之乃懸書宮門曰龍欲上天五蛇爲輔龍巳升雲四蛇各入其宇一蛇獨怨終不見處所文公出見其書曰此介子推也吾方憂王室未圖其功使人召之則亡遂求所在聞其入

緜上山中（賈逵曰緜上晉地杜預曰西河介休縣南有地名緜上）於是文公環緜上山中而封之以爲介推田（徐廣曰一作國）號曰介山以記吾過且旌善人（賈逵曰旌表也）從亡賤臣壺叔曰君三行賞賞不及臣敢請罪文公報曰夫導我以仁義防我以德惠此受上賞輔我以行卒以成立此受次賞矢石之難汗馬之勞此復受次賞若以力事我而無補吾缺者此受次賞三賞之後故且及子晉人聞之皆說二年春秦軍河上將入

王趙衰曰求霸莫如入王尊周周晉同姓晉不先入王後秦入之毋以令于天下方今尊王晉之資也三月甲辰晉乃發兵至陽樊服虔曰陽樊周地陽邑名也樊仲山之所居故曰陽樊圍温入襄王于周四月殺王弟帶周襄王賜晉河内陽樊之地四年楚成王及諸侯圍宋宋公孫固如晉告急先軫曰報施定霸於今在矣杜預曰報宋贈馬之施狐偃曰楚新得曹而初婚於衛若伐曹衛楚必救之則宋免矣於是晉作三軍王肅

曰始復成國之禮半周軍也趙衰舉郤穀將中軍郤溱佐之使狐偃將上軍狐毛佐之命趙衰爲卿欒枝將下軍賈逵曰欒枝欒賓之孫先軫佐之荀林父御戎魏犨爲右往伐冬十二月晉兵先下山東而以原封趙衰杜預曰河內沁水縣西北有原城五年春晉文公欲伐曹假道於衛衛人弗許還自河南度侵曹伐衛正月取五鹿二月晉侯齊侯盟于斂盂杜預曰衛地也衛侯請盟晉晉人不許衛侯欲與楚國人不欲故出其君以說晉

衞侯居襄牛服虔曰衞地也公子買守衞楚救衞不卒徐廣曰一作勝晉侯圍曹三月丙午晉師入曹數之以其不用釐負羈言而用美女乘軒者三百人也令軍毋入僖負羈宗家以報德楚圍宋宋復告急晉文公欲救則攻楚爲楚嘗有德不欲伐也欲釋宋宋又嘗有德於晉患之先軫曰執曹伯分曹衞地以與宋楚急曹衞其勢宜釋宋於是文公從之而楚成王乃引兵歸楚將子玉曰王遇晉

至厚今知楚急曹衛而故伐之是輕王王曰晉侯亡在外十九年困日久矣果得反國險阨盡知之能用其民天之所開不可當子玉請曰非敢必有功願以閒執讒慝之口也服虔曰子玉非敢求有大功但欲執蔿賈讒慝之口謂子玉過三百乘不能入也杜預曰執猶塞也楚王怒少與之兵於是子玉使宛春告晉賈逵曰宛春楚大夫請復衛侯而封曹臣亦釋宋咎犯曰子玉無禮矣君取一臣取二勿許韋昭曰君文公也臣子玉也一謂釋宋圍二謂復曹衛先軫曰定人之謂禮楚一言

定三國子一言而亡之我則毋禮不許楚是弃宋也不如私許曹衛以誘之執宛春以怒楚韋昭曰怒楚令必戰旣戰而後圖之杜預曰須勝負決乃定計晉侯乃囚宛春於衛且私許復曹衛曹衛告絶於楚楚得臣怒得臣即子玉擊晉師晉師退軍吏曰爲何退文公曰昔在楚約退三舍可倍乎楚師欲去得臣不肯四月戊辰宋公齊將秦將與晉侯次城濮賈逵曰衛地也己巳與楚兵合戰楚兵敗得臣收餘兵去甲午

晉師還至衡雍杜預曰衡雍鄭地今滎陽卷縣也作王宮于踐土服虔曰既敗楚師襄王自往臨踐土賜命晉侯晉侯聞而爲之作宮初鄭助楚楚敗懼使人請盟晉侯晉侯與鄭伯盟五月丁未獻楚俘於周駟介百乘徒兵千服虔曰駟介駟馬被甲也徒兵步卒也天子使王子虎命晉侯爲伯賈逵曰王子虎周大夫賜大輅彤弓矢百玈弓矢千賈逵曰大輅金輅彤弓赤玈弓黑也諸侯賜弓矢然後征伐秬鬯一卣珪瓚賈逵曰秬黑黍鬯香酒也所以降神卣器名諸侯賜珪瓚然後爲鬯虎賁三百人賈逵曰天子卒曰虎賁晉侯三辭然后稽首受之賈逵曰稽首首至地周作晉文侯命王若曰父義

和孔安國曰同姓故稱曰父馬融曰王順曰父能以義和我諸侯丕顯文武能愼明德孔安國曰文王武王能詳愼顯用明德昭登於上布聞在下馬融曰昭明也上謂天下謂人維時上帝集厥命于文武孔安國曰惟以是故集成其王命德流子孫恤朕身繼予一人永其在位孔安國曰當憂念我身則我一人長安王位於是晉文公稱伯癸亥王子虎盟諸侯於王庭服虔曰王庭踐土也晉焚楚軍火數日不息文公歎左右曰勝楚而君猶憂何文公曰吾聞能戰勝安者唯聖人是以懼且子玉猶在庸可喜乎子玉之敗而歸楚成王

怒其不用其言貪與晉戰讓責子玉子玉
自殺晉文公曰我擊其外楚誅其內內外
相應於是乃喜六月晉人復入衞侯壬午
晉侯渡河北歸國行賞狐偃爲首或曰城
濮之事先軫之謀文公曰城濮之事偃說
我毋失信先軫曰軍事勝爲右吾用之以
勝然此一時之說偃言萬世之功柰何以
一時之利而加萬世功乎是以先之冬晉
侯會諸侯於温欲率之朝周力未能恐其

有畔者乃使人言周襄王狩于河陽壬申遂率諸侯朝王於踐土孔子讀史記至文公曰諸侯無召王王狩河陽著春秋諱之也丁丑諸侯圍許曹伯臣或説晉侯曰齊桓公合諸侯而國異姓今君爲會而滅同姓曹叔振鐸之後晉唐叔之後合諸侯而滅兄弟非禮晉侯説復曹伯於是晉始作三行服虔曰辟天子六軍故謂之三行荀林父將中行先縠將右行先蔑將左行杜預曰三行無佐疑大夫帥也七年晉文公

秦穆公共圍鄭以其無禮於文公亡過時及城濮時鄭助楚也圍鄭欲得叔瞻叔瞻聞之自殺鄭持叔瞻告晉晉曰必得鄭君而甘心焉鄭恐乃閒令使謂秦穆公曰亡鄭厚晉於晉得矣而秦未爲利君何不解鄭得爲東道交秦伯説罷兵晉亦罷兵九年冬晉文公卒子襄公歡立是歲鄭伯亦卒鄭人或賣其國於秦秦繆公發兵往襲鄭十二月秦兵過我郊襄公元年春秦師

過周無禮王孫滿譏之兵至滑鄭賈人弦高將市于周遇之以十二牛勞秦師秦師驚而還滅滑而去晉先軫曰秦伯不用蹇叔反其衆心此可擊欒枝曰未報先君施於秦擊之不可先軫曰秦侮吾孤伐吾同姓何德之報遂擊之襄公墨衰經賈逵曰墨變凶杜預曰以凶服從戎故墨之四月敗秦師于殽虜秦三將孟明視西乞秫白乙丙以歸遂墨以葬文公服虔曰非禮也杜預曰記禮所由變也文公夫人秦女謂襄公曰

秦欲得其三將戮之公許遣之先軫聞之謂襄公曰患生矣軫乃追秦將秦將渡河已在船中頓首謝卒不反後三年秦果使孟明伐晉報殽之敗取晉汪以歸四年秦繆公大興兵伐我度河取王官封殽尸而去晉恐不敢出遂城守五年晉伐秦取新城（服虔曰秦邑新所作城也）報王官役也六年趙衰成子欒貞子咎季子犯霍伯皆卒（賈逵曰欒貞子欒枝也霍伯先且居也）趙盾代趙衰執政七年八月襄公卒太子

夷皐少晉人以難故服虔曰晉國數有患難欲立長君趙
盾曰立襄公弟雍好善而長先君愛之且
近於秦秦故好也立善則固事長則順奉
愛則孝結舊好則安賈季曰不如其弟樂
辰嬴嬖於二君服虔曰辰嬴懷嬴也二君懷公文公立其子民必
安之趙盾曰辰嬴賤班在九人服虔曰班次也其
子何震之有賈逵曰震威也且爲二君嬖淫也爲先
君子不能求大而出在小國賤也母淫子
僻無威陳小而遠無援將何可乎使士會

如秦迎公子雍賈季亦使人召公子樂於陳趙盾廢賈季以其殺陽處父（案左傳曰此時賈他爲太師陽處父爲太傅）十月葬襄公十一月賈季奔翟是歲秦繆公亦卒靈公元年四月秦康公曰昔文公之入也無衛故有呂郤之患乃多與公子雍衛太子母繆嬴日夜抱太子以號泣於朝曰先君何罪其嗣亦何罪舍適而外求君將安置此（服虔曰此太子）出朝則抱以適趙盾所頓首曰先君奉此子而屬之子曰此

子材吾受其賜不材吾怨子王肅曰怨其教導不至今君卒言猶在耳杜預曰在宣子之耳而弃之若何趙盾與諸大夫皆患穆嬴且畏誅乃背所迎而立太子夷皐是為靈公發兵以距秦送公子雍者趙盾為將往擊秦敗之令狐先蔑隨會亡奔秦秋齊宋衛鄭曹許君皆會趙盾盟於扈杜預曰鄭地滎陽卷縣西北有扈亭以靈公初立故也四年伐秦取少梁秦亦取晉之郩徐廣曰年表曰北徵也六年秦康公伐晉取羈馬晉侯怒使趙盾趙

穿郤鈌擊秦大戰河曲趙穿最有功七年晉六卿患隨會之在秦常為晉亂乃詳令魏壽餘反晉降秦秦使隨會之魏因執會以歸晉八年周頃王崩公卿爭權故不赴晉使趙盾以車八百乘平周亂而立匡王是年楚莊王初即位十二年齊人弒其君懿公十四年靈公壯侈厚斂以彫墻賈逵曰彫畫也從臺上彈人觀其避丸也宰夫胹熊蹯不熟服虔曰蹯熊掌其肉難熟靈公怒殺宰夫使婦人持其

屍出弃之過朝趙盾隨會前數諫不聽已又見死人手二人前諫隨會先諫不聽靈公患之使鉏麑刺趙盾（賈逵曰鉏麑晉力士）盾閨門開居處節鉏麑退歎曰殺忠臣弃君命罪一也遂觸樹而死（杜預曰趙盾庭樹也）初盾常田首山（徐廣曰蒲坂縣有雷首山）見桑下有餓人餓人示眯明也盾與之食食其半問其故曰宦三年（服虔曰宦官學事也）未知母之存不願遺母盾義之益與之飯肉已而為晉宰夫趙盾弗復知也九月晉靈

公飲趙盾酒伏甲將攻盾公宰示眯明知之恐盾醉不能起而進曰君賜臣觴三行可以罷欲以去趙盾令先毋及難盾既去靈公伏士未會先縱齧狗名獒（何休曰犬四尺曰獒）明爲盾搏殺狗盾曰弃人用狗雖猛何爲然不知明之爲陰德也已而靈公縱伏士出逐趙盾示眯明反擊靈公之伏士伏士不能進而竟脫盾盾問其故曰我桑下餓人問其名弗告（服虔曰不望報）明亦因亡去盾遂奔未

出晉境乙丑盾昆弟將軍趙穿襲殺靈公於桃園（虞翻曰園名也）而迎趙盾趙盾素貴得民和靈公少侈民不附故爲弒易盾復位晉太史董狐書曰趙盾弒其君以視於朝盾曰弒者趙穿我無罪太史曰子爲正卿而亡不出境反不誅國亂非子而誰孔子聞之曰董狐古之良史也書法不隱（杜預曰不隱盾之罪）宣子良大夫也爲法受惡（服虔曰聞義則服杜預曰善其爲法受屈也）惜也出疆乃免（杜預曰越境則君臣之義絕可以不討賊）趙盾使趙

穿迎襄公弟黑臀于周而立之是爲成公

成公者文公少子其母周女也壬申朝于武宮成公元年賜趙氏爲公族（服虔曰公族大夫也）伐鄭鄭倍晉故也三年鄭伯初立附晉而棄楚楚怒伐鄭晉往救之六年伐秦虜秦將赤七年成公與楚莊王爭彊會諸侯于扈陳畏楚不會晉使中行桓子伐陳因救鄭與楚戰敗楚師是年成公卒子景公據立

景公元年春陳大夫夏徵舒弑其君靈公

二年楚莊王伐陳誅徵舒三年楚莊王圍鄭鄭告急晉晉使荀林父將中軍隨會將上軍趙朔將下軍郤克欒書先縠韓厥鞏朔佐之六月至河聞楚已服鄭鄭伯肉袒與盟而去荀林父欲還先縠曰凡來救鄭不至不可將率離心卒度河楚已服鄭欲飲馬于河爲名而去楚與晉軍大戰鄭新附楚畏之反助楚攻晉晉軍敗走河爭度船中人指甚衆楚虜我將智罃歸而林父

曰臣爲督將軍敗當誅請死景公欲許之隨會曰昔文公之與楚戰城濮成王歸殺子玉而文公乃喜今楚已敗我師又誅其將是助楚殺仇也乃止四年先縠以首計而敗晉軍河上恐誅乃奔翟與翟謀伐晉晉覺乃族縠縠先軫子也五年伐鄭爲助楚故也是時楚莊王彊以挫晉兵河上也六年楚伐宋宋來告急晉晉欲救之伯宗謀曰賈逵曰伯宗晉大夫楚天方開之不可當乃使解

揚給爲救宋服虔曰解揚晉大夫鄭人執與楚楚厚賜使反其言令宋急下解揚紿許之卒致晉君言楚欲殺之或諫乃歸解揚七年晉使隨會滅赤狄八年使郤克於齊齊頃公母從樓上觀而笑之所以然者郤克僂而魯使蹇衛使眇故齊亦令人如之以導客郤克怒歸至河上曰不報齊者河伯視之至國請君欲伐齊景公問知其故曰子之怨安足以煩國弗聽魏文子請老休辟郤克

克執政九年楚莊王卒晉伐齊齊使太子
彊爲質於晉晉兵罷十一年春齊伐魯取
隆魯告急衞衞與魯皆因郤克告急於晉
晉乃使郤克欒書韓厥以兵車八百乘與
魯衞共伐齊夏與頃公戰於鞌傷困頃公
頃公乃與其右易位下取飲以得脫去齊
師敗走晉追北至齊頃公獻寶器以求平
不聽郤克曰必得蕭桐叔子爲質齊使曰
蕭桐姪子頃公母頃公母猶晉君母柰何

必得之不義請復戰晉乃許與平而去楚申公巫臣盜夏姬以奔晉晉以巫臣爲邢大夫賈逵曰邢晉邑十二年冬齊頃公如晉欲上尊晉景公爲王景公讓不敢晉始作六卿賈逵曰初作六軍僭王也韓厥鞏朔趙穿荀騅趙括趙旃皆爲卿智罃自楚歸十三年魯成公朝晉晉弗敬魯怒去倍晉晉伐鄭取氾十四年梁山崩公羊傳曰梁山河上山杜預曰在馮翊夏陽縣北也問伯宗伯宗以爲不足怪也徐廣曰年表曰伯宗隱其人用其言十六年楚將子反怨

巫臣滅其族巫臣怒遺子反書曰必令子罷於奔命乃請使吳令其子爲吳行人教吳乗車用兵吳晉始通約伐楚十七年誅趙同趙括族滅之韓厥曰趙衰趙盾之功豈可忘乎柰何絶祀乃復令趙庶子武爲趙後復與之邑十九年夏景公病立其太子壽曼爲君是爲厲公後月餘景公卒厲公元年初立欲和諸侯與秦桓公夾河而盟歸而秦倍盟與翟謀伐晉三年使呂相

讓秦賈逵曰呂相晉大夫因與諸侯伐秦至涇敗秦於麻隧虜其將成差五年三郤讒伯宗殺之賈逵曰三郤郤錡郤犨郤至伯宗以好直諫得此禍國人以是不附厲公六年春鄭倍晉與楚盟晉怒欒書曰不可以當吾世而失諸侯乃發兵厲公自將五月渡河聞楚兵來救范文子請公欲還郤至曰發兵誅逆見彊辟之無以令諸侯遂與戰癸巳射中楚共王目楚兵敗於鄢徐廣曰一作焉陵服虔曰鄢陵鄭之東南地也子反收餘

兵將循欲復戰晉患之共王召子反其侍者豎陽穀進酒子反醉不能見王怒讓子反子反死王遂引兵歸晉由此威諸侯欲以令天下求霸厲公多外嬖姬歸欲盡去羣大夫而立諸姬兄弟寵姬兄曰胥童胥童嘗與郤至有怨及欒書又怨郤至不用其計而遂敗楚（左傳曰欒書欲待楚師退而擊之郤至云楚有六間不可失也）乃使人閒謝楚楚來詐厲公曰鄢陵之戰實至召楚欲作亂內子周立之會與國不具是以

事不成厲公告欒書欒書曰其殆有矣願公試使人之周（虞翻曰周京師）微考之果使郤至於周欒書又使公子周見郤至郤至不知見責也厲公驗之信然遂怨郤至欲殺之八年厲公獵與姬飲郤至殺豕奉進宦者奪之郤至射殺宦者公怒曰季子欺予（杜預曰公反以爲郤至奪豕也）將誅三郤未發也郤錡欲攻公曰我雖死公亦病矣郤至曰信不反君智不害民勇不作亂失此三者誰與我我死耳十

二月壬午公令胥童以兵八百人襲攻殺三郤胥童因以劫欒書中行偃于朝曰不殺二子患必及公公曰一旦殺三卿寡人不忍益也對曰人將忍君（杜預曰人謂書偃）公弗聽謝欒書等以誅郤氏罪大夫復位二子頓首曰幸甚幸甚公使胥童爲卿閏月乙卯厲公游匠驪氏（賈逵曰匠驪氏晉外嬖大夫在翼者）欒書中行偃以其黨襲捕厲公囚之殺胥童而使人迎公子周（徐廣曰一作糾）于周而立之是爲悼公悼公

元年正月庚申欒書中行偃弒厲公葬之(左傳曰葬之于翼東門之外)以一乘車(杜預曰言不以君禮葬也諸侯葬車七乘)厲公囚六日死死十日庚午智罃迎公子周來至絳刑雞與大夫盟而立之是爲悼公辛巳朝武宮二月乙酉即位悼公周者其大父捷晉襄公少子也不得立號爲桓叔桓叔最愛桓叔生惠伯談談生悼公周周之立年十四矣悼公曰大父父皆不得立而辟難於周客死焉寡人自以疏遠毋幾爲君今

大夫不忘文襄之意而惠立桓叔之後賴
宗廟大夫之靈得奉晉祀豈敢不戰戰乎
大夫其亦佐寡人於是逐不臣者七人脩
舊功施德惠收文公入時功臣後秋伐鄭
鄭師敗遂至陳三年晉會諸侯悼公問羣
臣可用者祁傒舉解狐解狐傒之仇復問
舉其子祁午君子曰祁傒可謂不黨矣外
舉不隱仇內舉不隱子方會諸侯悼公弟
楊干亂行賈逵曰行陳也魏絳戮其僕賈逵曰僕御也悼公怒

或諫公卒賢絳任之政使和戎戎大親附十一年悼公曰自吾用魏絳九合諸侯服虔曰九合一謂會于戚二會城棣救陳三會于鄬四會于邢丘五同盟於戲六會于柤七戍鄭虎牢八同盟于亳城北九會于蕭魚和戎翟魏子之力也賜之樂三讓乃受之冬秦取我櫟十四年晉使六卿率諸侯伐秦度涇大敗秦軍至棫林而去十五年悼公問治國於師曠師曠曰唯仁義爲本冬悼公卒子平公彪立平公元年伐齊齊靈公與戰靡下徐廣曰靡一作歷齊師敗

走晏嬰曰君亦毋勇何不止戰遂去晉追
遂圍臨菑盡燒屠其郭中東至膠南至沂
齊皆城守晉乃引兵歸六年魯襄公朝晉
晉欒逞有罪奔齊八年齊莊公微遣欒逞
於曲沃以兵隨之齊兵上太行欒逞從曲
沃中反襲入絳絳不戒平公欲自殺范獻
子止公以其徒擊逞逞敗走曲沃曲沃攻
逞逞死遂滅欒氏宗逞者欒書孫也左傳逞作盈
其入絳與魏氏謀齊莊公聞逞敗乃還取

晉之朝歌去以報臨菑之役也十年齊崔杼弒其君莊公晉因齊亂伐敗齊於高唐去報大行之役也十四年吳延陵季子來使與趙文子韓宣子魏獻子語曰晉國之政卒歸此三家矣十九年齊使晏嬰如晉與叔嚮語叔嚮曰晉季世也公厚賦爲臺池而不恤政政在私門其可久乎晏子然之二十二年伐燕二十六年平公卒子昭公夷立昭公六年卒六卿彊公室卑子頃

公去疾立頃公六年周景王崩王子爭立晉六卿平王室亂立敬王九年魯季氏逐其君昭公昭公居乾侯十一年衛宋使使請晉納魯君季平子私賂范獻子獻子受之乃謂晉君曰季氏無罪不果入魯君十二年晉之宗家祁傒孫叔嚮子相惡於君六卿欲弱公室乃遂以法盡滅其族而分其邑為十縣各令其子為大夫晉益弱六卿皆大十四年頃公卒子定公午立定公

十一年魯陽虎奔晉趙鞅簡子舍之十二年孔子相魯十五年趙鞅使邯鄲大夫午不信欲殺午午與中行寅范吉射親攻趙鞅鞅走保晉陽定公圍晉陽荀櫟韓不信魏侈與范中行爲仇乃移兵伐范中行范中行反晉君擊之敗范中行范中行走朝歌保之韓魏爲趙鞅謝晉君乃赦趙鞅復位二十二年晉敗范中行氏二子奔齊三十年定公與吳王夫差會黃池爭長趙鞅

時從卒長吳徐廣曰吳世家說黃池之盟云趙鞅怒將戰吳乃長晉定公左氏傳云乃先晉人外傳云吳公先歃晉公次之三十一年齊田常弑其君簡公而立簡公弟驁爲平公三十三年孔子卒三十七年定公卒子出公鑿立出公十七年徐廣曰年表云出公立十八年或云二十年知伯與趙韓魏共分范中行地以爲邑出公怒告齊魯欲以伐四卿四卿恐遂反攻出公出公奔齊道死故知伯乃立昭公曾孫驕爲晉君是爲哀公哀公大父雍晉昭公少子也號爲戴子

徐廣曰世本作桓子雍注云戴子戴子生忌忌善知伯早死故
知伯欲盡并晉未敢乃立忌子驕爲君當
是時晉國政皆決知伯晉哀公不得有所
制知伯遂有范中行地最彊哀公四年趙
襄子韓康子魏桓子共殺知伯盡并其地
十八年哀公卒子幽公柳立幽公之時晉
畏反朝韓趙魏之君獨有絳曲沃餘皆入
三晉十五年魏文侯初立十八年幽公淫
婦人夜竊出邑中盜殺幽公魏文侯以兵

誅晉亂立幽公子止是爲烈公烈公十九
年周威烈王賜趙韓魏皆命爲諸侯二十
七年烈公卒子孝公頎立孝公九年魏武
侯初立襲邯鄲不勝而去十七年孝公卒
子靜公俱酒立是歲齊威王元年也靜公
二年魏武侯韓哀侯趙敬侯滅晉後而三
分其地靜公遷爲家人晉絕不祀
太史公曰晉文公古所謂明君也亡居外
十九年至困約及即位而行賞尚忘介子

推況驕主乎靈公既弒其後成景致嚴至
厲大刻大夫懼誅禍作悼公以後日衰六
卿專權故君道之御其臣下固不易哉

晉世家第九